DER BREMSENFLÜSTERER

Nachrichten von unterwegs

Tex Rubinowitz

DER BREMSENFLÜSTERER

Nachrichten von unterwegs

Falter Verlag

Autor: Tex Rubinowitz
Textbeitrag: Klaus Nüchtern
Fotos: Tex Rubinowitz, außer Seite 13, 17, 24, 26, 34, 37, 40, 44, 128, 131, 142, 151, 174, 175, 182: Hertha Hurnaus, Seite 86: Christine Roloff, Seite 91: Vincenzo Cifarelli, Seite 99: Malin Slotte, Seite 149: Thomas Kussin
Coverfoto: Hertha Hurnaus
Lektorat: Helmut Gutbrunner
Layout: Reinhard Hackl
Satz: Barbara Blaha
Produktion: Susanne Schwameis
Printed in EU

ISBN: 978-3-85439-419-8

1011 Wien, Marc-Aurel-Straße 9
Telefon +43/1/536 60-0, Fax +43/1/536 60-935
E-Mail/Verlag: bv@falter.at
E-Mail/Bestellungen: service@falter.at
Homepage/Bookshop: www.falter.at

INHALT

EINE KIRSCHBIER SAUFENDE AMSEL

Klaus Nüchtern

Tex und ich bewohnen dasselbe Raum-Zeit-Kontinuum, das heißt, ich bewohne, er bereist es, macht also entschieden mehr daraus. Wir sind seit Jahrzehnten miteinander befreundet, haben gemeinsam den Hallstätter See umlaufen und waren schon einmal zusammen in St. Pölten und in Ried im Innkreis. Seit Jahren versucht Tex, mich nach Mumbai oder Schanghai mitzunehmen, aber während ich zögerlich den Kopf wiege und leicht depressiv daran denke, dass dort Sprache, Essgewohnheiten und Meteorologie von den unsrigen vermutlich etwas abweichen, hat Tex schon zweimal den Kontinent gewechselt.

Tex ist ständig in Bewegung, weswegen es fast nur zwei Möglichkeiten gibt, ihm zu begegnen: Entweder man macht das alles genauso mit, oder man verharrt an einem Ort, den er dann und wann aufsucht. Ich bin praktisch an meinem Schreibtischsessel festgeschraubt, und weil Tex hin und wieder im Falter zu tun hat, schneit er in mein brüllgrün gestrichenes Redaktionskabuff – so wie der Pappelschnee durch die Schuhstadt Zlín, der Kirschblütenschnee durch das dampfende Beppu, der Schuppenschnee auf seine Schultern oder Wolfgang Schüssel in das Büro von Ursula Plassnik – die im Übrigen genauso groß ist, wie immer behauptet wird, wie auch Wolfgang Schüssel genauso klein ist, wie man sagt, was Tex aber schon deswegen bestreiten muss, weil er es gerne so haben möchte, er kann auch gar nicht anders, denn er ist ein Dichter oder auch ein notorischer Lügner, wenn man so will.

Ende der Achtzigerjahre des 20. Jahrhunderts haben Tex und ich gemeinsam den Stephansdom mit Sauerstoffflaschen bestiegen und in der Türmerstube ein Zelt aufgeschlagen. Wir hissten die finnische Flagge und hatten ein Bild von Kati Outinen dabei, der fantastischen finnischen Filmschauspielerin, bekannt aus Werken wie „Varjoja paratiisissa", „Tulitikkutehtaan tyttö" oder „Kauas pilvet karkaavat". Tex hat einen totalen Finnlandfimmel, was vermutlich daran liegt, dass es – eventuell neben Japan – das einzige Land ist, das er nicht umlügen muss, sondern das genau so ist, wie er es sich vorstellt. Über Finnland und Japan schreibt er die Wahrheit – soweit ich das beurteilen kann, denn Japan kenne ich nur aus dem Kino, den wunderbaren Filmen von Mizoguchi, Ozu, Kurosawa oder, dem Unterschätztesten von allen, Mikio Naruse.

Wenn mir Tex in meinem Redaktionskabuff begegnet, ist er meist nur am Vorbeischneien. Er flockt dann ein paar Minuten so rum, versorgt mich mit dem neuesten Gezwitscher aus der bizarren Welt der Freundschaftsportale und schneit dann weiter. Oft ist er auf dem Weg zum Bahnhof oder zum Flughafen, was ich daran erkenne, dass er ein Plastiksackerl dabeihat – in dem sind eine Zahnbürste und Doo-Wop-Singles drin, mehr braucht er für seine Fernreisen nicht. Man traut es ihm, der gerne ein bisschen verwegen tut, ja nicht zu, aber Tex ist, zumindest was Reisen anbelangt, ein sehr sittlicher Mensch. Er gehört nicht zu jenen, die Städte und Kontinente wechseln, nur um dort dann das Gleiche zu machen wie in Wien (so wie etwa ich das halte), sondern verschmilzt – einer Moral der Mimesis folgend – sofort mit dem bereisten Land, dessen Gebräuchen und Gewohnheiten. Er macht wirklich alles mit, sogar die größten Irrtümer und den unglaublichsten Unfug, weswegen er auch prinzipiell isst, was auf den Tisch kommt, was er mir dann per SMS mitteilt. Ich bekomme Brechanfälle, wenn ich das lese, weiß aber stets, wo sich Tex gerade aufhält, ohne dass er mir die Destination mitteilen müsste (was er ohnedies nie tut): Käse – Frankreich, Kirschbier – Belgien, Kimchi – Korea. Tex ist der rare Fall eines unideologischen, man könnte natürlich auch sagen haltlosen, Multikulturalisten; er ist nicht auf Exotik aus, nicht darauf, andernorts zu finden, was er hierzulande vermisst, schon gar nicht das wahre Leben oder sonstigen esoterischen Larifari, er hat einfach Spaß an der Differenz: Wie es ist, ist es auch schon gut. Er ist sozusagen der letzte Vertreter der Theodizee.

Mit einer Zuwendungsfreudigkeit, die für zurückhaltendere Menschen, sollten sie gezwungen sein, das mitansehen zu müssen, eine Zumutung ist, stürzt er sich auf die diversen indigenen Völker, isst nicht nur ihr Essen und trägt ihre Kleider (Tex hat immer nur das dabei, was er am Leibe trägt, alles andere lässt er sich vor Ort auf ebendiesen schneidern), sondern versucht sogar, in ihren Zeitungen vorzukommen. Kein Trick ist ihm dafür zu dreist, keine Lüge zu abgeschmackt. Die Zwitschermaschine muss geölt und am Laufen gehalten werden. Man kann nicht nicht kommunizieren, hat Marshall McLuhan gesagt, und Tex ist die Verkörperung dieser These. Es ist kein Wunder, dass in seinen Reisereportagen meist eine Amsel vorkommt. Die Amsel ist Texens Wappentier. Man kann die Amsel eventuell übersehen, nicht aber überhören. Meist sitzt sie auf dem höchsten Rauchfang oder der exponiertesten Antenne und zwitschert der Welt die Ohren ab. So auch Tex. Long may he twitter!

***Klaus Nüchtern** ist stellvertretender Chefredakteur des Falter, wo seine gesammelten Kolumnen („Nüchtern betrachtet") auch in Buchform erscheinen, damit er gemeinsam mit Tex Rubinowitz Lesereisen unternehmen kann.*

YOU ARE ON FRONTPAGE

Indien ist das Land der Entrepreneure, der fröhlichen Unternehmer, immer und überall wittert man Gelegenheiten, alles lässt sich kommerzialisieren, nichts lässt man anbrennen, jeder hat Talent, hat Ideen und Lösungen parat, und vor allem: Indien ist nicht *ein* Land, wir haben hier eine Milliarde Menschen, ein dampfender Ameisenhaufen unterschiedlichster Ethnien, die alle ihre eigenen Gesetze und Bräuche, Sprachen und Schriften haben, Konflikte natürlich auch, allein 18 *offizielle* Sprachen gibt es, daneben aber weit über hundert nichtoffizielle, von den Dialekten ganz zu schweigen, jede dieser Sprachen hat wiederum ihre eigene Schrift, auf jedem Rupienschein steht das Zahlwort in jeder dieser Sprachen in einem winzigen, kaum lesbaren Kasten, aber das ist egal, Farbe, Größe, Bilder reichen ja. Englisch ist Verwaltungs-, Unterrichts- und Wirtschaftssprache. Indien ist damit das Land mit den meisten Amtssprachen weltweit. Über die Beibehaltung des Status des Englischen als solche wird alle 15 Jahre neu entschieden. Und es geht ja, man kommt irgendwie nicht nur weiter, sondern kann auch Geschäfte machen, es drängt sich sogar auf. Am ehesten springt einen natürlich, wenn man Geschäfte machen will, die Textilbranche an. Klar, es ist heiß, stickig, und es steht einem der Sinn nach nichts anderem, als sich einen schönen dreiteiligen Anzug schneidern zu lassen, ja, morgen könne man ihn abholen, so schnell geht das, ein verlockendes Angebot, und der Preis ist ununterbietbar. Aber da muss man noch überlegen, ob nicht eine Nummer kleiner besser wäre. Und wie sieht es mit Hemden aus, Sir? Der Mann, der mich in der Zange hat, merkt, in mir gärt es, einerseits ist er mir lästig, ich würde gerne selbst etwas machen, etwas ankurbeln, andererseits wäre ich ohne ihn aufgeschmissen. Wo soll ich Stoff kaufen, wo sind gute Schneider, die verstehen, was ich will? Ich sage, okay, ich brauche Hemden, weiße mit kurzem Arm. Er führt mich zu einer Stoffhandlung, wir kaufen Stoff, dann zu einem Schneider, an all diesen Stationen schneidet er natürlich mit, das wird ein widerliches Gefeilsche geben hinter meinem Rücken, mein Wunsch wird deponiert, acht Hemden, ich will sie noch besticken lassen, auf der Brust soll etwas stehen, was, schreibe ich an den Rand einer Zeitung, das wird man dann zum Sticker bringen, morgen soll ich kommen, morgen ist alles fertig, auf einigen Hemden soll der Name „Kinder von Maersk“, meiner noch zu gründenden Religionsgemeinschaft, prangen, und ein paar mit „Froschfotze“ und „Schlechtgefickte Brotspinne“, das kommt immer gut im Büro, in der Lesbenbar und beim Brunch mit dem Kanzler. Außerdem, ich werde übermütig, bestelle ich auch noch gleich ein halbes Dutzend weißer Unterhosen, da sollen sie „Unterhose“ draufsticken, damit ich immer weiß, womit ich's zu tun hab, wenn ich eines Tages ein mir plötzlich unbekannt vorkommendes Kleidungsstück aus der Schublade ziehe. Der nächste Tag beginnt gut, ich bin Unternehmer, fühle mich wie einer, der sechzehntausend Turnschuhe, einen ganzen Container davon, nach Europa verschifft, mit

Maersk natürlich. Alles fertig, Hemden wie Hosen. Aber was haben sie gemacht?! Die Größe und alles stimmt ja, aber bei den Wörtern, man hätte es sich denken können, hatten sie Schwierigkeiten, meine Handschrift vom Zeitungsrand zu übertragen, wir sind hier in Madurai, im Tamilenland, sie können maximal tamilisch schreiben, nun heißt meine Sekte

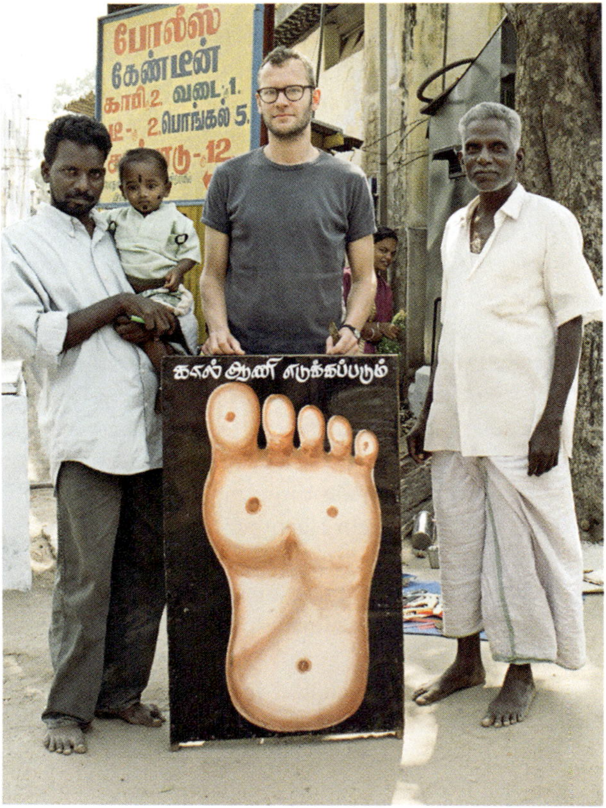

Eine Fußpflegedynastie stellt sich vor

„Kindu von Maush", ich bin eine „Froschlotze" und eine „Schlechtgetickte Brotfinne", wenigstens ist es bei den Hosen nur knapp, aber dafür sympathisch danebengegangen, da steht jetzt „Unterhase" drauf.

In Kerala, der Schweiz Indiens, wie man sagt, wegen des relativen Wohlstands, kommt mir eine andere Idee: Was könnte man mit der tollen Schrift – man spricht hier Malayalam – machen? Ich blättere eine Zeitung durch, ich bin im reizenden Kochi, einer Millionenstadt, die wie ein Dorf aussieht, ich sitze bei Zsaky, auch er ein emsiger Unternehmer, er hat eine kleine Bar, nein, Bier gäb's bei ihm nicht, er hätte nicht die Lizenz dafür, aber Special Tea hätte er, soso, nach Tee ist mir jetzt aber so gar nicht, nein, Special Tea, ich soll den probieren, gut, bring es, er bringt eine Flasche Bier, schenkt es in eine Teetasse, die Flasche versteckt er unterm Tisch, Zsaky ist mein Mann. In der Zeitung Todesanzeigen, sehr schön gestaltet, immer mit einem Foto des Verstorbenen, ich versuche meinem Mann zu erklären, dass ich so eine Anzeige von mir zu schalten gedenken, Passfoto hätte ich dabei. Er lächelt und wackelt mit dem Kopf, was weder Zustimmung noch Ablehnung bedeutet, sie wackeln eigentlich immer, aber er gibt mir zu verstehen, dass das nicht ginge, ich säße ja noch hier und labte mich am falschen Tee, wäre gar nicht tot, ich glaube, ihm ist das unheimlich – also das ginge hier nicht, Lord Vishnu wäre sauer, damit mache man keine Scherze. Ich muss anders an die Anzeige kommen. Beim zweiten Spezialtee dann die Idee: „Zsaky, ich möchte eine Vermissten- oder besser Suchanzeige aufgeben, glaubst du, das geht?" Ja, alles geht. Mir hätte jemand in Wien gesagt, hier in Kochi laufe einer rum, der so aussieht wie ich, den suche ich, meinen Doppelgänger, verschollener Zwillingsbruder, ja, Zsaky versteht, klar, kann man machen, er würde morgen mit einem Reporter in mein Hotel kommen, nein, kein Interview, ich will eine Anzeige schalten, Kopfwackeln, okay, dann morgen um zehn im Hotel. Und tatsächlich, es klopft an der Tür, ein Hotelangestellter: Unten würden zwei Männer auf mich warten. Ich gehe runter, da stehen Zsaky und ein anderer, der hat eine braune Hose an, die anstelle des Gürtels von einem Elektrokabel zusammengehalten wird, er sei von der Zeitung, meint mein Mann, Reporter, er wolle ein Interview machen, ich erspar mir den Einwand, dass ich doch nur eine Anzeige aufgeben will, okay, lass ich das jetzt hier über mich ergehen, bin ich halt gescheitert. Das sogenannte Interview besteht dann aus drei Fragen, nicht mehr, nicht weniger, mein Name, mein Alter und mein Beruf (ich sage Chiropodist/Fußpfleger, das klingt einigermaßen nach was), beide nicken, als ich zur Erklärung meinen Fuß umwuschele, der Reporter schreibt alles mit einem klecksenden Kugelschreiber auf einen kleinen Zettel. Diesen Zettel hätte ich gern, fällt mir später ein, daraus hätte ich mir dann irgendwann mal in Tadschikistan einen Teppich knüpfen lassen – die Aufträge global vernetzen. Das Interview ist beendet, ich gebe ihnen noch mein Passfoto, ist ja jetzt auch schon egal, sollen sie damit machen, was sie wollen, sie stehen auf, zu meiner Überraschung meinen beide, der Text würde morgen dann in der Zeitung stehen, sie schreiben mir noch den Titel in Malayalam auf, *Madhyaman* heißt das Blatt, später fand ich heraus, dass es das Organ der Muslime hier in der Region ist und eine Auflage von zwei Millionen hat.

Zsaky und der Mann von der Zeitung verschwinden mit einem knatternden Tuk-Tuk in einer aufgewirbelten Staubwolke und lassen mich ratlos zurück. Na da bin ich ja mal gespannt, was soll denn da kommen?! Am nächsten Tag nehme ich mir einen ebensolchen Tuk-Tuk und bitte den Fahrer, mich zu einem Kiosk zu fahren. Wir klappern circa sieben Stände ab, überall schon ausverkauft, heute ist Sonntag, da gehen die Zeitungen besser, ratlos stehen wir am Kiosk, Fahrer, Verkäufer, ich, ihnen fällt kein weiterer Stand mehr ein, vielleicht drüben, auf der anderen Flussseite, in Ernakulam, hm, da tippt mir jemand von hinten auf die Schulter, es ist ein dicker Mann, er ist Bügler, hat ein mobiles Bügelbrett und ein Kohleeisen, er grinst und sagt freudig: „You are on frontpage!" und überlässt mir das Exemplar seiner Zeitung – ich hatte es tatsächlich auf die Titelseite geschafft, mit dem Foto, ein ziemlich langer Text –, ich frage den Fahrer, den Verkäufer, später Zsaky, was denn da drinstehe, ich meine, so wahnsinnig viel hätte ich bei diesem Interview ja nicht gerade preisgegeben, sie wackeln alle mit dem Kopf, bewegen die Lippen beim Lesen und zucken lächelnd mit den Schultern, ich vermute, dass sie nicht lesen können, ich hätte den Bügler fragen sollen. Vielleicht wollten sie ja auch nur verschweigen, dass da galoppierender Unsinn drinsteht.

Ich verlasse Kochi, fahre wieder in Tamil Nadu herum, auf der Straße sehe ich einen Mann mit einem eigenartigen Schild, es ist sehr schön, auf schwarzem Grund ein großer Fuß, beulenübersät, drüber steht was auf tamilisch, ich frage den Mann, ob er mir das Schild verkaufe, ja, kein Problem, es wechselt den Besitzer. Ich schleppe das Ding durch Indien, die Leute lachen freundlich, wenn sie mich sehen, einmal nimmt mich ein ernster Geschäftsmann streng beiseite, er findet das wohl nicht so toll, er kann sehr gut Englisch, er fragt, ob ich

wisse, mit was drauf ich da herumfahre, das sei das Werbeschild eines Dornenentferners, drauf stünde „Dornen“, „Schmerzen“, darüber „Entferner“, die Leute glaubten, ich böte diese Dienste an, und das tue ich doch nicht, oder? Nein, das nicht, aber jetzt holt mich der Beruf, den ich dem Mann von der Zeitung in Kochi genannt habe, plötzlich ein.
Auf der Rückfahrt komme ich, zwei Wochen später, abermals an Kochi vorbei, kehre natürlich wieder bei Zsaky ein. Der ist ganz aufgeregt, ich könne doch nicht einfach so abhauen. Wieso nicht? Das Fernsehen sei hier gewesen, die hätten mich interviewen wollen, und immer wieder seien Leute gekommen und hätten sich nach mir erkundigt. Zumindest eines ahne ich jetzt, nämlich dass Zsaky in dem Artikel auch kräftig Werbung für sein Lokal gemacht hat, mit mir, dem Fußpfleger, als Werbeträger. Er bringt mir einen Spezialtee, die Flasche wird unterm Tisch gebunkert. Da nähern sich zwei Polizisten, mir wird heiß, ich fürchte, dass Zsaky jetzt seine Schanklizenz verliert oder wegen illegalen Alkoholausschanks sonst wie bestraft wird, aber die Polizisten sind ganz zahm und lächeln mich freundlich an, und, wie sollte es auch anders sein, erkundigen sich bei mir, ob ich meinen Doppelgänger inzwischen gefunden hätte.

Nein, hab ich nicht, und ich komme mir ein bisschen schäbig vor, klein und ertappt, auf meinem Hemd steht „Froschlotze“, ich gebe mich als Fußpfleger aus, und unter meinem Tisch steht eine Bierflasche, mein Unternehmertum hier bei euch freundlichen Leuten steht auf wackligen Beinen. ‹

CALEDONIA

Ich bin ja nun immer schon gern Fähre gefahren. Irgendwas Beruhigendes geht von ihnen aus, man sieht nicht, dass man vorankommt, man kann nicht abschätzen, wie schnell man fährt, das Schaukeln und das Brummen der Maschinen lullt einen ein, wie im brummenden Uterus, manche kotzen – die hatten wohl ein pränatales Trauma, ich nicht, ich badete da wohl ganz kommod so vor mich hin. Wie ein ausgeleiertes Gummiband, so ist die Fähre, unelastisch stößt sie sich ab, kraftlos kommt sie an. Man kann von hinten nach vorne gehen und sich einbilden, dass man schneller als die Fähre sei und sie überhole. Aber, ach, das geht ja auch beim Zug und beim Flugzeug. Hier aber tapferes, gebremstes Vorankommen, nichts fliegt vorbei, keine Landschaft, nicht die Zeit, alles Ausknipsen geht hier besonders gut. Man könnte auch im Flugzeug einen Brie (französischer Weichkäse) mitnehmen, ihn anschneiden und die Flugbegleiterin darauf hinweisen, dass selbst der Käse schneller sei als der Brummer, ob es nicht etwas zügiger ginge, man wolle auf den Jetlag verzichten, der einen am Ziel händereibend erwarte. Natürlich wird sie antworten, dass der Jetlag dem Käse noch viel mehr zu schaffen machen wird, wenn man hier so Druck mache, weil der ja nur zwei Zentimeter pro Stunde Vorankommen gewohnt sei, sein ganzer Organismus werde aus dem Ruder laufen, man solle versuchen, mal ein bisschen lockerer zu werden, langsames Reisen erhöhe die Vorfreude auf das Ziel.

Die Fähre ist der Brie unter den Verkehrsmitteln, darauf zumindest kann man sich doch einigen. Von Fähren kriegt man nie einen Jetlag. Ich habe einen Cousin, Jonathan, der war während des Falklandkrieges Kommandant eines U-Bootes und wurde kurz vor Ende des Scharmützels von Gibraltar zu den Falklandinseln geschickt. Als er ankam, war der Krieg vorbei, und so ging es halt wieder zurück. Ich hab ihn einmal gefragt, wie lange er gebraucht hätte für eine Strecke und wie schnell sie gefahren wären, es war immerhin ein Atom-U-Boot, dreißig Stundenkilometer, pro Strecke fünf Wochen unterwegs, unter Wasser, das muss herrlich sein, das ist die Steigerung der Fähre, wie ich sie kenne, zehn Wochen im eisernen Schlafsack am Krieg im Fahrradtempo vorbeischaukeln, vollkommenes irdisches Glück, ich würde mir selbst einen Orden verleihen, mir selbst die Hand schütteln.

Es gibt schöne Fähren. Zum Beispiel gibt es keinen besseren Weg, um nach Hallstatt im Salzkammergut zu gelangen, als vom Bahnhof mitten im Wald abgeholt und mit der kleinen Fähre über den See zur Stadt gebracht zu werden, so, als wäre Hallstatt eine düstere, unheimliche Insel, man nähert sich ihr mit gebührendem Respekt, sich langsam herantastend. Ich assoziiere damit jedes Mal Forscher, die sich zur Insel aufmachen, auf der King Kong haust, vor allem, wenn es, wie meistens hier, regnet.

Auch die Fähre von Schanghai nach Hongkong ist etwas ganz Besonderes, zweieinhalb Tage durchs Gelbe Meer, eine alte holländische Fähre aus den Fünfzigerjahren, überall noch niederländische

Aufschriften und ein wasserloses Schwimmbecken mit miróesken Mosaiken. Vermutlich versieht sie inzwischen ihren Dienst aber nicht mehr auf dieser Route. Als ich mit ihr fuhr, das war 1985, überall, ob zu Wasser, an Land oder in der Luft, grimmiger Kommunismus und Improvisation in staubiger Erstarrung. Meine kleine Fähre bedient jetzt vielleicht ein paar sinistre Archipele im Nordkoreanischen.

Auch liebe ich die Fähre von Helsinki auf die der Stadt vorgelagerte Insel Uunisaari. Auf der Insel ist nichts, oder fast nichts, Zeit gibt's hier viel, und deshalb dauert die Überfahrt auch nur eine Minute. Und auch hier auf der Insel hat man das Gefühl, auf einer Fähre zu sein, irgendwann bringt die Kontinentaldrift sie in die Stadt, aber das dauert noch ein bisschen, derweil hauen die Finnen die dicken, schwitzenden Würste auf die Roste, Würste mit pergamentartiger Haut, innen ein weicher Brei, den man raussaugt, und nichts dazu, kein Brot, kein Senf, so sind sie eben, kein Smalltalk, kein Wort des Dankes, es gibt nicht mal eins für „Bitte", und keine Beilagen, alles Verschwendung, Ablenkung vom Eigentlichen, hier stimmen die Klischees über Finnland einmal ausnahmsweise. An Uunisaari ziehen die 13-stöckigen Fähren nach Estland und Schweden vorbei, billige Vergnügungsmaschinen, mit denen man nicht fährt, um irgendwo anzukommen, sondern um zollfrei möglichst viel Alkohol durch sich durchzuschleusen und nicht auf einen neuen Morgen zu hoffen.

Ich war einmal in Odessa. Eine Freundin hatte dort gerade einen Film abgedreht, ich kam gerade rechtzeitig zu den letzten Szenen. Josef Hader sprang von einer Fähre aus ins brackige Hafenwasser, nun, vielmehr war es ein Double, Hader sieht nicht sehr tapfer aus, auch nicht, als könne er schwimmen. Dann wurde das Ganze abgeschlossen mit einer sentimentalen Abschlussfeier auf einem Ausflugsschiffchen, das im Sonnenuntergang zwischen Trockendocks und rostigen Kränen seine Kreise ins Hafenwasser schrieb, während drinnen ein Kassettenrekorder jaulte und der Stab versuchte, den Abschied und gestaute Animositäten zu vergessen oder mit Alkohol vergessen zu machen. Man würde sich nie wiedersehen, zumindest so geschlossen nicht. Nun musste das geschnitten werden, was man die Wochen zuvor gedreht hatte. Ich gehörte ja nicht dazu und war ganz froh, nicht dazuzugehören, und so rannen die Tränen und die Entgleisungen, die erstickten Flüche und die halbherzigen Versöhnungen an mir vorüber und die nach harten Keksen keifende Möwe draußen war mir näher bzw. war ich schon wieder weit weg, was hatte ich mit all dem zu tun?

Vom Schiff aus warf ich theatralisch, aber in so einer winzigen Privattheatralik, denn niemand war Zeuge, mein Rückflugticket ins Meer, ins schwarze, schwappende, und beschloss, einen anderen Rückweg zu nehmen.

Im sogenannten Meeresbahnhof (Morsky Voksal), unterhalb der Treppe, *der* Treppe – jener aus Sergej Eisensteins „Panzerkreuzer Potemkin“, die von oben relativ schnöde aussieht, auch wenn alles auf diese Treppe mit den 192 Stufen, zu- und von ihr wegzustreben scheint, so als sei sie der Anfang und das Ende. Auf ihr auch zwei Kinderwagen, als Reminiszenz an den Film, Fotografen haben sie da als Requisite hingestellt –, an der Mole also sind drei Schiffe befestigt, die Gloria, die Caledonia und die Passat, jede fährt an einem anderen Tag. Ich schaute mir das ein paar Tage an, ging am späten Nachmittag hin, saß da, trank zwei Baltika 3* und nagte an einem getrockneten Fisch. Wenn eine der Fähren weg war, kam am Morgen eine andere zurück und ersetzte sie, sie gingen nach Istanbul und kamen von dort. Eigentlich liegen an der Mole also nicht drei Schiffe, sondern zwei, denn eines ist ja immer unterwegs. Ich wollte die Fähren kennenlernen und die für mich geeignete auswählen.

**Die verschiedenen Klassen der in der gesamten ehemaligen Sowjetunion am weitest verbreiteten Produkte der Baltika-Brauerei aus Sankt Petersburg sind nummeriert, ich hab die mal auf einem Minigolfplatz in Tallinn/Estland durchprobiert, im leichten Dauerregen, also bei allerbesten Verkostungsbedingungen. 0 ist alkoholfrei, 1 gibt es nicht mehr, 2 ist eine Art Reisbier, 3 ist der Klassiker, 4 hat Brotgeschmack, 5 na ja, „runder“ im Geschmack, wenn man es nett sagen will, 6 ist dunkel, aber süßlich, 7 ein gutes, leichtes Bier, 8 ein mieses Weizen, 9 ein süßes Starkbier. Irgendwann so um das Jahr 2002, nach abermaligem Test, weil ich dachte, das Fünfer sei das Fairste, das mit dem man am besten leben kann, schmeckte auch diese Nummer plötzlich süß. Ich hielt mich erst für papillenirre, bis ich dann das Kleingedruckte las, mit der Info, dass da jetzt Karamell drin sei. Na, vielen Dank.*

Bitte nicht nachhause schicken

Die Wasserroute Odessa–Istanbul–Triest, das war es, was mir vorschwebte, und das ist an Irisieren nur schwer zu übertreffen. Ich entschied, für den ersten Teil der Reise die Caledonia zu nehmen, denn die Passat war unfassbar verrostet, also alles andere als Vertrauen einflößend, die Gloria wieder sah einfach zu schnieke aus. Mit der Caledonia war es wie mit dem bevorzugten Bier, ein fairer Kompromiss, die Gloria wäre demnach das Baltika 5, das mit Karamell verzierte, die Passat das Brotbier. Zudem war ich vom Namen fasziniert: Caledonia, wieso heißt hier ein Schiff so, wie die Römer Schottland nannten? Gibt es zwei Caledonia, so wie es zwei Galizien gibt, deren Lautgleichheit aber, wie man weiß, rein zufällig ist? Ich wurde auch nicht mehr den Ohrwurm des schottischen Duos The Proclaimers, ein dickbebrilltes Zwillingsbrüderpaar, los, der die nächsten Tage als dominantestes Thema in meinem Kopf immer wieder branden sollte, „Throw the ‚R' away" heißt das Lied, „I've been so sad / since you said my accent was bad / he's worn a frown / this caledonian clown". Genau, das war ich jetzt, der ukrainisch-kaledonische Clown. Später hab ich mal ein bisschen wegen dieser angeblichen Verwandtschaft herumgestochert bei der Firma Google: Die britische Royal Mail Shipping Company hatte 1840 in ihrer Flotte zwei Segeldampfer mit Schaufelradantrieb: die RMS Britannia und ihr Schwesterschiff, die RMS Caledonia, und die beförderte nicht nur Post, sondern auch Passagiere über den Atlantik, zwischen Liverpool und Boston, sie hatte Unterkünfte für 133 Kabinenpassagiere und für eine Besatzung von 89 Personen, bestehend aus Offizieren und Mannschaft. Und das ist, auch wenn die Technik die Mannschaft zugunsten der Passagiere in der Zwischenzeit wohl etwas minimiert hat, ziemlich exakt das, was auch auf der ukrainischen Caledonia war, 222, also doch eine Parallele. An einigen Stellen im Schiff hingen Passagierlisten: Es waren 132 Ukrainer, 88 Moldawier, ein Tunesier und ein Deutscher (ich) verzeichnet, komischerweise keine Türken, und die Mannschaft natürlich auch nicht, man wollte sich wohl nicht in die Karten blicken lassen. Im nachträglich konsultierten Schiffsporträt im Internet stand auch nichts von der Besatzung, wohl aber etwas von der Anzahl der Passagiere, die das Schiff maximal zu transportieren in der Lage ist,

Taxi zur Treppe

156 plus 50, Zweit- und Erstklässler, also in toto 206. Unser Schiff war also klar überbelegt, und ich fragte mich, wo die alle untergebracht waren, auf Stehplätzen vielleicht, denn ich hatte eine nette kleine Kabine mit zwei übereinanderliegenden Betten und einem zugeschraubten Bullauge, das andere Bett war nicht belegt.

Am Abend um 18 Uhr legte unsere kleine Caledonia vom Hafen ab, man kann nicht sagen, dass sie in See stach, wenn man schon bei maritimem Vokabular ist, sie glitt eher ins Schwarze Meer hinein, ein müder Wind wehte von hinten, so, als schöbe er sie an, es war September, noch sah man, dass sich das Schiff bewegt, die berühmte Treppe wurde immer kleiner, und die schief darauf stehenden Kinderwagen noch kleiner, natürlich wurden sie nicht kleiner, sondern nur auf der Netzhaut des Zurückblickenden, und für die Treppe wurde ich kleiner, auf ihrer Netzhaut, wenn sie eine hätte, oder für jemanden der dagesessen wäre, auf den Stufen, ein Baltika 3 in der Hand, vielleicht ähnlichen Gedanken nachhängend wie ich ein paar Tage zuvor. Und jetzt geht einem mit einem Mal das Konzept der Treppe auf: Von unten wirkt sie viel größer, prächtiger, majestätischer, sie ist das Programm der Stadt, das Fortgehen macht sie dir leicht mit ihren flachen breiten Stufen und den Blick hinunter aufs Meer, schaut man aber nach ein paar Stufen zurück, ist nur noch der Himmel zu sehen, das Ankommen inszeniert sie mit jeder Stufe als Audienz bei einer stolzen Stadt.

Im Schiff gab es einen schönen Speiseraum, an der Wand eine Magd mit einer Garbe Weizen in der einen und einer Sichel in der anderen Hand, ihr strahlendes Gesicht, ganz wie ein Apfel, das fette Leben. Man saß mit netten Nutten – ungeschminkt, graue Jogginghosen, hinten ragte die Klempnerfalte heraus – an einem Tisch, kümmerte sich um nichts und niemand, sie wurden vollkommen in Ruhe gelassen, kein Zuhälter zu sehen, die Männer mit der einen durchgehenden Augenbraue und den struppigen Unterarmen, die beim Essen an der Tischplatte festgeschraubt blieben und deren Bewuchs sich bis aufs kleinste Glied ihrer kleinen Finger fortsetzte, waren jedenfalls keine, die gingen anderen Beschäftigungen nach, so viel stand fest. Sie beachteten die Nutten nur scheu, verwundert, fast wie Kinder, keine Verachtung, keine Gier, gelöst, es war egal, was sie machten, und je näher sie sie betrachteten, desto ferner schaute es zurück aus den Frauen, ihr wisst das alles nicht, das ganze dunkle Geflecht, aus dem wir kommen und in das wir gehen. Dies hier ist ein neutraler Raum, hier gibt's mal kurz keine Klassen, keine Hierarchien, keine Dünkel, keine Unterdrückung, kein rohes Fleisch, kein benutztes, das hier ist entsexualisierter Boden, der nicht mal Boden und demnach umso unaufgeladener ist.

Das Essen war gut, ich mag das, Borschtsch, Kartoffelpüree, faschierter Braten, aber ich mag ja auch Krankenhausessen, demokratisches, neutrales Essen, man muss nicht denken beim Essen oder gar genießen, man isst halt, so wie es sein sollte und eigentlich immer war, bevor die Leute kamen, die mit Essen anfingen zu spielen. Danach in die kleine Bar, denn der Abend war noch ganz jung, es gab gutes Kylie-Minogue-Gewummere, weniger Gutes von Scooter, aber natürlich auch O-Zone mit ihrem schäbigen kleinen Welthit „Dragostea din Te“ („Ma-ia hii/Ma-ia huu/Ma-ia hoo/Ma-ia haha“), vielleicht der größte Exporterfolg, der je dieses alleingelassene Land verlassen hat, Moldawien, das an allem nur irgendwie befestigt ist, an Rumänien, an der Ukraine, noch schlimmer sind die Transnistrier dran, die picken zwischen Moldawien und der Ukraine, nur schwach zusammengeklebt, wie mit Spucke oder einem ausgeleierten Klettverschluss, und fühlen sich zu allem Überfluss auch noch Russland zugehörig, als ob von dort Zuneigung zu erwarten wäre.

Die Nutten tanzten lasziv, aber mit einer nach innen gewendeten Laszivität, also nur für sich, probten vielleicht für ihren neuen Arbeitsplatz, die kantigen Männer starrten woanders hin, in einen kleinen Fernseher, der über der Bar befestigt war, in ihm „Invasion U.S.A.“, ein Film mit Chuck Norris, Oliver Hirschbiegels Lieblingsschauspieler, auch wenn Hirschbiegel in seinem Film „Der Untergang“ nicht ihn als Hitler verpflichtet hat, sondern Bruno Ganz. Der Film läuft im Original, darüber schnarrt in gleicher Lautstärke ein ukrainischer Übersetzer alle Rollen, auch die der wenigen vorkommenden Frauen, natürlich weit entfernt von jeder Lippensynchronizität. Wir waren abgekapselt, Chuck die einzige, von Interferenzen gestörte Verbindung nach draußen, trotzdem kein Druck, alles schlingerte, schwebte so vor sich hin, die Uhr ist hier wohl noch das überflüssigste Lebewesen. Man starrt mit einem Auge auf den Film, mit dem anderen auf die Tänzerinnen und mit dem dritten in seinen Wodka. Dann taumelt man in seine Kabine, in seine Koje, und es ist einem ein bisschen zum Lachen zumute, so gut geht es einem, weil man sich einbildet, dass der durch den Alkohol gestörte Gleichgewichtssinn aufgefangen wird durch das Schlingern des Schiffes. Waagerecht schläft man ein, ein Schlaf stellt sich ein, unter idealen Begleitumständen.

Um sechs Uhr am Morgen begann das Inferno. Ich wachte durch eine unangenehme Raumelastizität auf, ein Gerüttel, mein armseliges Gepäck lag verstreut in meiner kleinen Kabine herum, so als wären Einbrecher hier gewesen, es war plötzlich sehr heiß, ich wurde vom Bett hochgeschleudert, schwebte für Sekundenbruchteile in der stickigen

Luft, kein Witz, wie in einem Zeichentrickfilm. Was war da los?! Alles stand schief, ich sprang runter vom Stockbett (ich hatte oben geschlafen, obwohl ich abends noch das untere – sichere – Bett bezogen hatte, aber als ich „heimkam“, war ich wohl übermütig geworden). Ich öffnete die Tür, alle anderen Türen in meinem Gang waren ebenfalls offen, für einen Moment dachte ich, alle anderen Passagiere wären schon weg, aber wo?, ausgestiegen, aber wohin?, haben sie mich hier auf dem Geisterschiff alleine zurückgelassen? Dann hörte ich Gewimmer und Gewürge, der Gang, ebenfalls schief. Meine Kabine lag im Bauch des Schiffes, ich bekam Sargpanik, ich hangelte mich nach oben, man konnte nicht normal gehen, man konnte sich nur am Geländer entlangziehen, sonst schleuderte es einen an die Gangwand, mit aller Wucht, mal nach links, mal nach rechts. Ich fragte mich, ob die Passagierzahl, 222, ob das ein gutes oder ein böses Omen sei, ob sie so eine Art kleinere Schwester der Nummer des Biests sei, andererseits ist die Zwei ja eine durchaus sympathische Zahl.

Ich dachte, okay, du hast gestern Nacht vielleicht einen Wodka zu viel gehabt, jetzt kommt die postalkoholische Angst, sie reibt sich die Hände, jetzt wirst du bestraft, die Angst ist aber unbegründet, Schiffe sinken nicht, die haben unten Ballasttanks, das stabilisiert sich schon, außerdem kannst du schwimmen, gut sogar.

Ich kam in eine Art Verteilerraum im Zwischendeck, von dem Treppen und Gänge abgehen – hier ist nichts, hier entscheidet man sich, wo es langgehen soll, nach oben, unten oder raus, links und rechts führt je eine Tür nach draußen, mit Fenster –, von der Mitte des Raumes aus konnte ich aus beiden Fenstern sehen, links der Himmel, rechts eine Wasserwand, so schief standen wir, die Wellentäler waren groß wie Fußballfelder, tiefe Mulden allerdings, deprimierend mächtig. Ich hatte eine unfassbare Angst, alle sich an mir vorbeihangelnden Passagiere waren grau im Gesicht, in ihren Augen die schiere Panik, der Rest war leblos, der konnte auch nicht mehr zur Besserung beitragen, sie bettelten um eine Erklärung für die Scheiße da draußen. Das Schiff wurde plötzlich ganz klein und arm, das Wasser um es, um uns immer mächtiger, ein obszönes Ungleichgewicht, nie zuvor fühlte ich mich ausgesetzter, das Gefühl des Behütetseins der Fähre als Kapsel war jetzt vollständig verschwunden, die 222 toten Seelen waren jetzt filetiert.

Ich hielt mich am Griff der Tür fest, die Richtung Himmel zeigte, ein Reflex, man will ja immer nach oben. Ich erinnerte mich einerseits an ein Erlebnis vor ein paar Jahren in Griechenland, als ich ertrunken bin, wirklich ertrunken, eine gemeine Unterströmung hatte mich in einer Sekunde zwanzig Meter weit mit hinausgenommen, ich wusste nicht mehr, wo oben und unten war, wohin ich schwimmen sollte, Wassermassen hielten mich nach unten gedrückt, um mich herum weiße Gischt, undurchsichtig, und aufgewirbelte Steine, eine Welle schleuderte mich aber gnädig an den Strand zurück, genauso gut hätte sie mich noch einmal zwanzig Meter, und dann weitere zwanzig Meter hinausziehen können, ich lag am Strand, blutend und kotzend, und war eine Sekunde zuvor so nah am Tod wie nie. Gleichzeitig dachte ich an die Fähre Estonia, an die Katastrophe in der Ostsee, man barg die Leichen, die, die man finden konnte, 900 sind dabei draufgegangen, sie waren teilweise zerfetzt worden von den gigantischen Wellen, in der Mitte durchgerissen.

Krampfhaft klammerte ich mich an diesem Scheißgriff fest, der sich keine Mühe gab, mir Trost zu spenden, dann kam ein dicker Schiffsangestellter mit zwei Streifen auf dem Uniformpullover, Moment, was waren nochmal zwei Streifen? Bootsmann, Maat, Fähnrich? Wer hat mehr Ahnung, mehr Erfahrung, bietet mehr Trost? Beim Fähnrich ist wohl eher am wenigsten zu holen. Ich fragte ihn auf Englisch, nach draußen deutend, was das denn soll, ob das normal sei, da flögen riesige Wellen über das Schiff, er aber brabbelte nur frohgemut etwas Ukrainisches, es ging ihm scheinbar gut, und ich wusste nicht, baut er sich an mir auf, ein Parasit des Elends, oder macht ihn seine Dickheit grundsätzlich fröhlich, ist es ein fatalistisches Frohsein. Dass ihm seine zwei Streifen Recht gaben, schenkte mir wiederum wenig Hoffnung, er aber deutete an, ich solle was essen, das würde helfen, so ließe sich die Situation ertragen, nichts ahnte er von meinem nagenden Misstrauen gegen alles hier in diesem Laden.

Ich hatte nicht vor zu essen, hangelte mich aber trotzdem weiter bis zum Speiseraum, da saßen drei Leute, denen Servierfrauen irgendwas hinstellten, das eine Sekunde später fröhlich vom Tisch rauschte. Das Personal hier war eigentlich mehr damit beschäftigt, Splitter und Scherben vom Boden zusammenzuklauben. Keine Ahnung, wie ein Koch in so einer Situation kochen kann. Jetzt weiß ich es freilich, Jonathan, der U-Boot-Kommandanten-Cousin hat es mir erklärt: Die Töpfe sind kardanisch aufgehängt, da baumelt alles überm Feuer und bleibt dort auch dann noch hängen, wenn das Schiff bereits gesunken ist.

An Deck war kein Mensch zu sehen, alle rollten sich wimmernd in ihren Kojen, sofern sie nicht über den Klomuscheln hingen, alles ausscheidend, was in ihnen herumkollerte und sie daran erinnerte, dass sie es waren, die eigentlich herumkollerten.

Ich ging ebenfalls zurück in meinen nach Farbe und Schmieröl (in friedlichen Zeiten ein Aphrodisiakum) dunstenden Raum, legte mich ins zu kurze Bett und baute vorher einen kleinen Altar mit dem Foto meiner Mutter auf, den ich vom Bett aus sehen konnte. Das Foto war auf ein Emailleschild gebacken, bei 900 Grad, ich hatte es in Odessa machen lassen, so was wird normalerweise auf Gräber geschraubt, mit den Eckdaten des Verstorbenen, bei mir war nur die Mutter drauf und ich und der Satz „Mutters Hände waren immer kalt". Ich hatte natürlich nicht damit gerechnet, dass mir das so bald schon makabren Trost in schaukelnden Zeiten spenden sollte. Da lag ich also und wurde immer wieder hochgeschleudert, einmal so stark, dass ich mir eine heute noch sichtbare Narbe unter der Lippe zuzog.

Das Bild mit der Mutter befestigte ich mit einem kurz angekauten Kaugummi – also einem

noch süßen, weil ich mir einbildete, dass einem ausgelaugten, ordentlich durchgespeichelten Kaugummi auch keine Kraft zum Kleben mehr innewohnt – am Tisch, nachdem alle darauf stehenden Flaschen und Gläser nach und nach zu Bruch gegangen waren.

Dieses orkanbedingte Schlingern ging von sechs Uhr morgens bis 21 Uhr abends, um 23 Uhr liefen wir mit vierstündiger Verspätung im Hafen von Istanbul ein. Als die Passagiere, glücklich über ihr neugewonnenes Leben, von Bord in die türkische Freiheit gingen, taumelten nicht wenige wie betrunken, zwei Leute sah ich gar fallen, ihr Gleichgewichtssinn narrte sie, die Schnecke im Ohr, sie hatte sich an das Schaukeln als Normalzustand schnell gewöhnt, für sie war die ebene Erde jetzt Irritation. Einer der Fallenden war der Tunesier. Ich mochte ihn nicht. Kurz vor der Ankunft hatten er und ich noch über die Reling geblickt, dem sehnsuchtsvoll herbeigewünschten Hafen entgegen, er behauptete, von dem Orkan gar nichts mitbekommen zu haben, weil er sich drei Schlaftabletten eingeworfen hätte, ich glaubte ihm kein Wort und verfluchte ihn. Neben dem Schiff, quasi als Lotsen des Friedens, sahen wir Delfine springen, auch sie verfluchte ich, ich mochte ihre dümmlichen Fressen nicht, die Schnäbel. Dass sie vom Land wieder ins Wasser zurückgegangen sind, fand ich allerdings gut – immer flexibel bleiben, Freunde, aber das nächste Mal, wenn ihr wieder an Land kommt, legt euch einen seriöseren Gesichtsausdruck zu, der Wombat und der Fennek beispielsweise, die können das doch auch. Der Tunesier sprach immerzu von den Nutten, fummelte sich im Schritt herum, so wie es des Tunesiers Art ist, und warf den von Bord torkelnden Gunstgewerblerinnen peinliche Kusshändchen zu, der Idiot. Tunesien hat sich seither für mich als Reiseziel erledigt.

Ich verzichtete auf den letzten Teil der Reise – eine Überfahrt nach Triest hätte ja noch angestanden, wie ich mir das am Meeresbahnhof in Odessa ausgedacht hatte – und besorgte mir am Istanbuler Flughafen einen erstaunlich billigen Stand-by-Flug nach Wien, der sich als frei von allen Turbulenzen erwies. ‹

STADT AUS DAMPF

Die Stadt Beppu in der Präfektur Oita auf Kyushu, der südlichsten Insel Japans, verfügt über eine magische Kraft, sie ist magnetisch. Ich hab das aus eigener Erfahrung schon einige Male erlebt, man kommt nach Beppu, will vielleicht gar nicht aussteigen, weil man es schon kennt oder erst später vorhat, die Stadt zu besuchen, man nähert sich dem Ort, wird schon ein bisschen unruhig, und wenn dann der Zug wieder abgefahren ist, ist man entweder schon ausgestiegen, ohne dass man es selbst groß mitbekommen hat, oder man steigt im nächsten Ort aus und fährt wieder zurück, wie in Trance fast. Das ist dieser geheime, unerklärliche Magnetismus, der von dieser Stadt ausgeht.

Beppu ist das Onsen-Rom Japans, das wird jeder Japaner bestätigen, und seine Augen werden dabei glimmen, und der Papst ist Dampf. Es gibt weniges, was identitätsstiftender ist als diese japanischen Onsen, ihre Warmbäder, ihre jahrhundertealte Badekultur. Über 26.000 Heißwasserquellen gibt es in Japan. Die vielen unterirdischen aktiven Vulkane und unter dünner Scholle blubbernden Magmaströme des Landes sind der Grund, dass heißes Wasser nicht nur aus dem heißen Wasserhahn sprudelt. Schlitzohrige Geschäftemacher in manchen Kurorten haben indes ihre Bäder auch schon mit schnödem Leitungswasser befüllt, nachdem die natürlichen Mineralwasserquellen versiegt waren. Das mag das Volk gar nicht, man trieb die Gauner mit Schimpf und Schande aus der Stadt.

Nicht so in Beppu, einer ansonsten völlig verschnarchten und langweiligen Stadt, was aber gerade ihren Reiz ausmacht. Die Ampeln flöten, wenn es grün wird, quasi als Marschbefehl in einer Zweitonkadenz den Namen der Stadt wie ein kleiner elektrischer Kuckuck: Bepp-ü, Bepp-ü, Bepp-ü. In der

Prachtvolles Improvisieren

gähnend leeren, verstaubten Shoppingmall klingeln ungeachtet der Jahreszeit Weihnachtslieder, „I Saw Mommy Kissing Santa Claus“, so was in der Art. Beppu ist auch voller alter Menschen, die in extrem leisen und langsamen Elektrobussen durch die Stadt gleiten, alles wie in Zeitlupe, und wer sich einmal gefragt hat, wo im japanischen Stadtbild eigentlich die Behinderten sind, hier in Beppu trifft man sie sonder Zahl. Die japanische Erklärung dafür folgt dann einer irrsinnigen Logik: Die heißen, heilenden Quellen seien gut für sie, hier könnten sie sich kurieren. Der Busfahrer hat an seinem steifen Hut ein Headset, er ergänzt oder aktualisiert gegebenenfalls das, was an Informationen ein Frauenstimmchen vom Band spricht. Wenn er sein Mikrofon auszuschalten vergisst und draußen bellt ein Hund, wird das Gebell ins Innere des Busses übertragen, so leise ist es hier.

Und so sediert die Stadt scheint, so aktiv geht es unter ihr zu, überall brodelt und zischt es aus abenteuerlichen Ventilkonstruktionen und selbstgebauten, schief und krumm montierten Rohrleitungen, aus mürben Knien, sie leiten den Dampf in die Küchen, in die Hausonsen, kalt wird es hier nie. Die Stadt steht augenscheinlich auf der Sollbruchstelle einer ganz dünnen kontinentalen Platte oder auf zwei schlechtvernarbten Schollen – wie ein Dampfdruckkochtopf auf der überhitzten Herdplatte, der einem jeden Moment um die Ohren fliegt. Andererseits haben die dicken weißen Dampfschwaden etwas Furchtnehmendes, wie Federbetten, nur halt in einem anderen Aggregatzustand, außerdem vertraut man dem Land – die werden das schon im Griff haben –, einem Volk, dass sich eher damit beschäftigt, eine Klobrille zu perfektionieren, mit integrierter Körpergabelungsdusche und Fön, als sinnloserweise zum Mond zu fliegen.

Deshalb sind die singenden Dämpfe sympathische, größtenteils ungenutzte Ressourcen, bizarre, vergängliche Skulpturen, eine Idee, an der der 1997 in Kairo gestorbene amerikanische Künstler und Beuys-Freund James Lee Byars seine Freude gehabt hätte, er, der das Matterhorn im Gehrock, mit Gamaschen und goldenem Zylinder erklommen hat, um oben nichts anderes zu hinterlassen als einen Tropfen Parfum.

Ich kenne nur wenige Orte auf der Welt, zu denen mir als Erstes einfällt, ja, hier könnte ich alt werden – eigentlich gar keinen. Er müsste jugendfrei sein, behindertenfreundlich (geistig wie körperlich), stehengeblieben irgendwo in der Zeit bzw. zwischen den Zeiten.

Um mich schon auf ein Lebensschlusskapitel vorzubereiten, lasse ich mich immer wieder wie Eisenspäne von der Stadt anziehen und mache irgendwas, setze Marken, lass mir eine Visitenkarte machen, beidseitig bedruckt, auf der englischen Seite steht als Beruf Beekeeper, den hat die Übersetzerin leider oder eher Gott sei Dank falsch übertragen, da steht jetzt auf Kanji *Bienenerzieher* – so kommt man der Stadt nahe. Einmal habe ich auf einem verwilderten Friedhof, auf einem Grabstein, aus dem herrenlose Bienen summten, die Karte deponiert, als Vorsorge. Ich habe mir in der staubigen Mall eine Schuluniform gekauft, einen Gakuran, die Jacke hat goldene Knöpfe, charakteristisch ist der enge Kragen. Dies liegt daran, dass die Grundform von der japanischen Uniform des Heeres abgeleitet wurde, die wiederum auf preußischen Vorbildern basiert. Ich nehme regelmäßig immer eine kleine Auswahl meiner kostbaren Doo-Wop-Singles mit und frage in verschiedenen Clubs, ob ich auflegen kann, ich will ja nur Beppu näherkommen. Doo Wop, dem kann sich niemand entziehen, The Students, „I'm So Young", genau, das bin ja ich mit meinem Gakuran, The Jarmels „A Little Bit of Soap" („A little bit of soap / Will never, never, never ever erase / The pain in my heart and my eyes / As I go through the lonely years / A little bit of soap / Will never wash away

Schwadenstadt

my tears"), so ist es, Seife kann meine verzehrende Beppu-Sehnsucht nicht wegwaschen, auch wenn das schönste Hotel Beppus das abgerockte Hotel Seifu ist, ah, und wenn wir hier schon so gemütlich zusammensitzen, ich suche ganz dringend folgende Singles: The Vailants/„This Is the Night", The Rays/„Silhouettes", The Tymes/„So Much in Love", The Timetones/„Here in My Heart", wer sie hat, soll mir einen fairen Preis machen, ich verspreche, ich weiß es ganz einfach, mit denen kann ich es in Beppu schaffen, es kann mir nichts passieren, und wenn ich schon kein Engagement bekomme, setze ich mich mit einem kleinen aufziehbaren Plattenspieler auf den Friedhof und spiele den Bienen etwas vor, als James-Lee-Byars-Gedächtniskonzert.

Auf den Gassen, in den Gässchen, deren Asphalt auch nächtens warm bleibt, räkeln sich die Katzen, strecken die Beine von sich, wärmen sich den Bauch, eine Gruppe von sieben von ihnen steht um etwas herum, das sich bewegt, immer wieder schnellt eine Tatze vor, sie spielen mit was, es reizt sie, ich muss hin, es ist ein Tausendfüßler, ein fünfzehn Zentimeter langer Myriapode, ich muss, bei allem Respekt, die Katzen verscheuchen, dieses Tier hier, das ihr quält, ist kein Spielzeug, das ist hundertfünfzigtausend Jahre älter als ihr, ich verschaffe ihm freies Geleit, der Knabe verschwindet in einer Ritze, die Katzen gucken blöd. Der Abend senkt sich auf die Stadt, alte, o-beinige Frauen befüllen ihre Wärmflaschen für die Nacht, schneiden sich durch den weißen Nebel, ein alter Mann im Yukata (Baumwollkimono) sitzt neben mir auf der Bank vor dem öffentlichen Onsen – entspannen nach dem heißen Bad –, er füttert seinen Hund mit Erdnüssen, der Hund sieht aus wie ein Fuchs, die beliebteste Rasse, weil sie wie Inari aussieht, der Reisgott, der die Tempel bewacht und dem man gern ein rotes Stofflätzchen umbindet, der Mann steht auf und geht, nach fünf Schritten merkt er, dass er seinen Hund vergessen hat, der sieht ihm irgendwie enttäuscht nach, großes Gelächter bei mir und dem Greis, in das der Hund mit Gekläffe einfällt, über allem kreischen hoch oben die Schwalben, aufgekratzt wie kleine Kinder, die nicht zu Bett gehen wollen.

In den Dämpfen Beppus gart man so manches, in erster Linie Eier auf der Straßen, die kleine Zwischenmahlzeit, für die es selbst eine Regel gibt („How to eat ONSEN boiled egg. Please help yourself to the salt and the soy sauce. First eat egg with the salt. Then eat yolk with the soy sauce. We hope you enjoy the trip"), die dann den raffinierten Schwefelhautgout bekommen, den man nur von alten Eiern kennt, ein Schwefeltrip also. Gut, sie essen auch adstringierende Umeboshi (Salzpflaumen), die derartig stark salzig sind, dass man sofort spürt, wie sie einem das Wasser aus dem Körper ziehen und es an sich binden, man schrumpft förmlich in Sekundenschnelle zusammen, und Natto, vergorene Sojabohnen, die lange Fäden wie Pattex ziehen und auch so schmecken, aber das passt alles hierher, das Museum neben dem Sandbad, eine gebohnerte Oase, in der das beste Ausstellungsobjekt der Geruch ist, ein DDR-Geruch, der einen mit einem wohligen Schauer durchrieselt. Wenn Gerüche Farben wären, wäre das ein blasses Graubeigeorange, im eisernen

Beppu Tower das Gleiche, stehengeblieben in den letzten fünfzig Jahren, die Zeit ist inzwischen weitergegangen, hier gibt's nichts zu sehen, tja, eine Stadt von oben, aber nichts weiter darüber hinaus, die Summe dieser fahlen Details versetzt Beppu in einen Zustand, als wäre es von einem dünnen Häutchen umgeben, das es von den allgemeinen und gemeinsamen Zeitläuften der Restwelt zu isolieren scheint. Der Versuch, meine Doo-Wop-Platten in der schräg unterm Beppu Tower liegenden Plus Bar, einem der wenigen Jugend-Hangouts, zu spielen, schlägt fehl. Den ehemaligen Besitzer, den gibt es nicht mehr, mit ihm verstand ich mich gut, auf geistiger Ebene zumindest, nicht auf der verbalen, da dauerte es mitunter bis zu zwanzig Minuten, bis ich begriff, was er meinte, so zum Beispiel, als er fragte: „Do you like Karaftarawerakuru?" Er meinte natürlich Kraftwerk, und selbstverständlich liebt man sie, die elektrischen Schuberts aus Düsseldorf, sie haben es ja erfunden, also alles außer Doo Wop, er hätte mich verstanden, nicht der neue Snob, er grinst nur maskenhaft frech, weil er nichts versteht, nein, hier würden nur japanische DJs auflegen, keine Chance, weitere Bitten zwecklos, kaputter Laden, sympathisch dann hingegen das One Love, ein Reggaeladen, der Chef: DJ Antake a.k.a bad boy slim, er hätte mir sofort Asyl gewährt, aber was hätte das für einen Sinn? Tolerant wäre man ja wohl hier, auch uneingeraucht weich wie Fallobst, einen schönen dicken Ofen wird man hier vergebens suchen, schwer verboten so was in Japan, aber man will ja irgendwo rein, wo man überrascht, also lässt man das Angebot sausen, danke, Antake.

Fahrstuhl ins Glück

Und dann, nachdem man genug von Salzpflaumen, Onseneiern und dem üblichen Totkochgemüse hat, entdeckt man im Bahnhof eine Dependence der amerikanischen Kringelkette Mister Donut, herrlich dünner Kaffee, viele, viele feine Löcher mit was drumherum, je neutraler, desto besser, das einnehmende Logo, ein soignierter Herr mit Schnurrbart und Monokel – und was spielt das Kettenradio? Natürlich, es musste so kommen, sie spielen es, sie spielen The Five Satins/„In the Still of the Night", The Danleers/„One Summer Night", The Orioles/ „Its Too Soon to Know", unfassbar, jemand hat den Doo Wop hierhergetragen, und das war nicht ich, und dieser jemand hat noch dazu einen ganz exquisiten Geschmack, bei allen Ressentiments gegen Ketten, vor allem amerikanische, man ist verblüfft, es passt ja alles zusammen, und der Magnet wird kräftiger, auch wenn ein bisschen Enttäuschung durch einen tropft, dass sich der DJ-Job hier jetzt erledigt hat.

Später dann wieder in Tokio – gibt ja leider noch keine Direktflüge Wien–Beppu – zufällig die Nachricht bekommen, dass die befreundete Künstlergruppe Gelitin in der Stadt ausstellt, ihre erste Show überhaupt in Japan, jetzt erst hier angekommen, man glaubt es ja nicht, in der Galerie Tomio Koyama, der Mann, der Yoshimoto Nara – der mit den bösen kleinen großköpfigen Kindern, ein Superstar inzwischen –, großgemacht hat. Die Galerie ist im siebten Stock in einem Lagerhaus, das man nur über eine Rampe und einen Lastenaufzug erreichen kann. Mir kommt eine Idee.

Gerade segeln die letzten Kirschblütenblätter in Tokio von den Bäumen, das ist der magische Moment, den die Japaner Sakura Fubuki, Kirschblütenschneesturm, nennen. Auf die zweiwöchige seditative Kollektivexstase folgt Trauer über die Vergänglichkeit, jetzt sehen die Straßenränder aus wie die Schultern eines unter Seborrhoischen Ekzemen Leidenden, also jemandes mit Kopfgneis. Aus Empathie- und Mimikrygründen ziehe ich mir meinen Gakuran, meine Schuluniform, an, die so schick militärisch aussieht, als Militarismuskritik kommen meine Schuppenepauletten prima. Andererseits sieht man damit auch aus wie ein Liftboy, und das prädestiniert für den besten Job, den man in dieser Branche bekommen kann: Aufzugs-DJ, Aufzugsmusik, das übelbeleumdetste Genre überhaupt, lasst es uns entstigmatisieren, bitte. Ich frage die Gelitinbuben, kann ich bei euch auflegen, und es geht, ja, ich kann das machen, sie würden sich freuen, haben vielleicht auch ein wenig Mitleid, als ich von meiner kleinen Enttäuschung in Beppu berichte, auch sie klarerweise große Fans der Stadt, und das wundert einen gar nicht, sehen die zusammengefummelten Rohre doch aus, wie von ihnen gebastelt, eine Stadt, ein Prinzip ganz in ihrem Sinne. Sie zimmern mir einen kleinen Schemel und ein Tischchen, erstaunlich gerade und stabil, ein Batterieplattenspieler wird gekauft, und losgeht's, mein neuer, kleiner Job hier in der großen Stadt, und immer wenn die Tür aufgeht, fangen die vom Kirschblütenschneesturm betrübten Japaner an, sich zu freuen, Doo Wop als globale Sprache der Versöhnung und des Trostes. Und die Kinder bücken sich zu mir runter, einen Plattenspieler haben sie noch nie gesehen, sie machen erstaunte Augen, weil aus einer Nadel Musik zu kommen scheint. Ich könnte auf mich selbst neidisch werden, ein bisschen bin ich angekommen, wenn auch in der falschen Stadt. ‹

URSULA

Mein Termin bei der ehemaligen Außenministerin Dr. Ursula Plassnik ist für 14 Uhr anberaumt, ich hatte mir dafür extra einen Anzug von Dolce & Gabbana gekauft, einer Firma, von der ich bis zu diesem Zeitpunkt naiverweise immer dachte, sie hieße *Duce* & Gabbana. Als ich das dem Verkäufer sagte, sah er mich unfroh an – ich kaufte ihn am Graben, dort, wo Thomas Bernhard immer seine Anzüge gekauft hat, vor verhassten Preisverleihungen, um sie danach wieder zurückzubringen und umzutauschen. Nun, das hatte ich nicht vor, ich hasse die ehemalige Außenministerin ja nicht, im Gegenteil, ich bewundere sie, eine prinzipienfeste Persönlichkeit. Eigenartigerweise war ich nicht nervös, deswegen vielleicht, weil ich mir einbildete, dass sie ahnt, dass ich in friedvoller Absicht komme, sie, die von Medien nicht wenig gezaust wurde, um es mal milde auszudrücken. Ich hab nur ein Riesenproblem, das nämlich, dass ich sie falsch ansprechen könnte, denn ihr Name ähnelt auf so frappante Weise meinem Lieblingshangout in Berlin, dem angeranzten Café Prassnik, und auch jener Bekannten von mir, der Erfolgsautorin und zwiefache Bachmannpreisträgerin Kathrin Passig, wenn ich jetzt die Außenministerin und die Autorin im Prassnik zusammenführen könnte, wäre ein für alle Mal alles klar, so aber schwimmen die Namensprotonen orientierungslos in meiner Kopfsuppe herum und wollen sich nicht eindeutig zuordnen lassen, es gibt auch keinerlei Chancen auf Eselsbrücken, Passig hat Mausezähne, Plassnik ist riesig, das Prassnik ist dreckig (künstlicher Dreck), wie soll man da irgendwas zuordnen zum Namen, zumal die ehemalige Außenministerin gar nicht so groß ist, auch der immer wieder später keck wie eine Amsel in ihr Büro schneiende Wolfgang Schüssel ist nicht so klein, wie immer geschrieben worden ist, aber über ihn später mehr.

Jetzt sitze ich also zwanzig Minuten zu früh vorm Parlament am Brunnen mit meinem neuen D&G-Anzug und verkrampfe mich mit dem Namensproblem. Wie da rauskommen, sie nur mit Frau Doktor anreden? Frau Minister? Frau Ministerin? Eure Exzellenz? Plötzlich nähert sich mir, dem auf dem Brunnenrand Sitzenden, vor dem sich allerlei Touristen versammelt haben und sich, den Brunnen und leider auch mich fotografieren, eine Spanierin, ich denke noch, ach Scheiße, jetzt muss ich sie und ihren verwachsenen Mann und ihr fettes Kind fotografieren, aber sie sagt nur irgendwas Spanisches, ins Wasser deutend, ja ja, ich weiß, da sind Münzen drin, aber keine Fische, was will die Frau?, ich schaue sie böse an, verscheuche sie mit meinem Blick, es funktioniert. Vielleicht rede ich die Außenministerin erst gar nicht an, muss man ja auch nicht. Als ich aufstehe – jetzt werde ich gleich abgeholt von ihrem Sekretär –, Himmel hilf, auch das noch, mein feiner Anzug hat hinten zwei Rückenschlitze, also überm Po eine Art Lappen, und der hing die ganze Zeit über im Brunnen, darauf wollte die Spanierin also hinaus, ich verfluche sie trotzdem, verfluche mich, verfluche Gabbana und verfluche auch den verfluchten Dolce, während ich den Lappen auswringe. Mein Gott, was, wenn ich hinter mir eine triefende Spur durchs Parlament ziehe und, noch schlimmer, Frau Doktor hat ein beiges Sofa und ich hinterlasse einen großen, dunklen Fleck, oh Mann, wie peinlich, ich bin inkontinent, ein Angstpisser, na, das kann ja was werden! Ein smarter Mitarbeiter Wolfgang Schüssels eskortiert mich ins benachbarte Palais Eschenbach. Die Ministerin hat dann ein lila Sofa, gibt mir die Hand, Druck irgendwo gut normal, zwischen Schraubzwinge und Waschlappen, sie schiebt mich aufs Sofa, was wollen Sie trinken? Nur Leitungswasser bitte, sie: Ja, das trinke ich auch am liebsten, Wasser. Warum nicht gleich, um mich zu demütigen, Brunnenwasser, aber ich glaube, sie hat den nassen Fleck auf meinem Anzug gar nicht bemerkt. Während ich ihr zu erklären versuche, was ich mit meinem Besuch bei ihr bezwecke – sie zu ihrer regen Reisetätigkeit zu befragen –, wickelt sie Schnapsflaschen in Zeitungspapier. Auch ohne dass ich fragen muss, erklärt sie, dass das heute irgendwo gegen Speck eingetauscht werden soll, sie redet viel und schnell, ich komme kaum rein, sie zu fragen, was das für ein geheimer Brauch sei, sie setzt sich rechts von mir in einen Sessel und redet sehr viel, ich muss gar nichts fragen, sie raucht und redet, den Aschenbecher legt sie in ihren Schoß, manchmal kollert er zu Boden, weil sie sich viel bewegt, sie räkelt sich wie eine Katze, dehnt sich, biegt ein Bein unter sich, sitzt auf ihrem Fuß, manchmal dreht sie auch ihren Kopf weg von mir und doziert in den Raum, in dem jede Menge Umzugskartons stehen, ich weiß nicht, kommt sie gerade oder geht sie, auch ein schöner Blumenstrauß, den ich ja eigentlich auch hätte mitbringen können, oder wäre das falsch interpretierbar? Auf meiner Armlehne ist ein kleiner weißer Fleck, den ich, während ich versuche zuzuhören und zu begreifen, was sie erzählt, leider alles weitgehend pointenfrei, aber man muss ja nicht immer alles veralbern, während sie also weitschweifig vorträgt, versuche ich den Fleck dezent wegzukratzen, mich stört das einfach, es ist schwer, sie „anders“ zu fragen, wenn ich jetzt etwa nach Alvin Stardust fragen würde, ob sie ihn möge, ihn habe ich heute im Radio gehört, Held meiner Jugend, hört man ja leider viel zu selten, „My Coo-Ca-Choo“, 1973 Platz zwei in der österreichischen Hitparade, würde sie mich böse anschauen und rauswerfen lassen, ach was, lassen, das kann sie schon selbst, dazu braucht sie keinen Sicherheitsdienst, sie hat die beachtenswerten Oberkörperproportionen eines Freistilringers. Ich frage, wie es ist, wenn sie mal irgendwo alleine sein möchte, ob sie ihre Aufpasser abschütteln kann, sie meint, dass ginge durchaus, sie und Wolfgang Schüssel seien in New York aus dem Hotel „ausgebüxt“ und im Central Park laufen gewesen, das ginge, und in Jerusalem sei sie mit Wolfgang Sotill von der *Kleinen Zeitung* alleine herumgelaufen, der könne jeden Steinhaufen erklären, das war aber am Sabbath, da wäre das möglich, da sei man entspannter, aber einmal musste sie die ihr schwitzend folgenden israelischen Sicherheitsleute mit dem Zeigefinger und dem Premierminister drohen, wenn sie sie nicht in Ruhe ließen, wären sie ihren Job los, sie schaut streng, jaja, ich hab die Botschaft verstanden.

Wolfgang Schüssel kommt rein, er hat offenbar sein Büro nebenan, er lächelt freundlich, ich bin nahe dran, Verblüffung darüber zu äußern, dass er gar keine Fliege heute trägt, aber die trägt er ja schon zehn Jahre nicht mehr, seine alte Masche, sein Markenzeichen, mein Blick sackt schamvoll und mutlos runter, wo mir auffällt, dass er eigenartige Bowlingschuhe trägt, er nimmt einen Wanderrucksack von Plassniks Schreibtisch, packt die Schnapsflaschen darin ein, schultert ihn und verschwindet, er bekommt von ihr den Auftrag, die Flaschen aus dem Büro zu schmuggeln.

Plassnik erzählt noch von sich aus, dass Österreich ein gutes Land für Karikaturen sei. Ich weiß nicht, was sie meint: wegen der verlotterten Zustände hier? Ich sage, dass politische Karikaturen für mich das Allerletzte sind, ich finde dieses Genre richtig unappetitlich, unangenehm aufdringlich, eine parasitäre Kunstform, was sie offenbar überhört, denn dann zeigt sie mir eine, wie sie sagt, Trophäe, eine Zeichnung von Bundeskanzler Faymann und seinem Vorgänger Gusenbauer, wie sie, weg von einem EU-Schild, geradewegs in Richtung eines riesigen Hinterns robben, Gusenbauer leckt sich gar die karpfenartig geschürzten Lippen, auf einer Pobacke klebt das Logo der *Kronen Zeitung*, so etwas Ekelhaftes hab ich noch nie gesehen, bei Koprophagie hört sich bei mir der Spaß auf, ich lächle in erstarrter Säuerlichkeit, mir kommt auch vor, dass meine Rockschöße nachnässen, kann auch der sich zusammenballende Stress gepaart mit einem diffusen Unwohlsein sein, etwas, was langsam aus mir rausdampft. Ich befrage sie zu Nordkorea, wie sie Nordkorea bereisen würde, ob sie auch die Spitzel und Aufpasser abzuschütteln in der Lage wäre, um einen Blick hinter die Fassaden zu erhaschen, da wird sie plötzlich noch strenger, mit ihren harten Zügen könnte man jetzt Eisen verbiegen, das sei eine zu plakative Frage, darauf wolle sie sich nicht einlassen, wir hätten alle unserer Fassaden, unsere Masken, ich hätte sie, sie selbst auch, und sie deutet auf eine obszöne japanische Tengumaske an der Wand, Tengus sind koboldartige Vogelmenschen, sie schlüpfen aus Eiern, haben jedoch eine menschliche Gestalt mit einer langen, schnabelartigen Nase, die wie ein Penis aussieht, vorne verdickt, ich fühle mich unwohl, hinter so einer Maske sieht sie mich?, ich möchte gehen, aber sie erzählt immer weiter, wie sie mal als Kabinettschefin mit Wolfgang Schüssel im Iran war und eigentlich keine große Lust hatte, sich zu verhüllen, Verhüllen als religiöses Zeichen respektiere sie, aber nicht als politisches, und da kaufte sie sich dann bei H&M einen bodenlangen schwarzen Mantel (interessant, dass die so was haben), wickelte sich den Kopf mit einem schwarzen Tuch ein, „wie Grace Kelly“, und setzte sich trotzig, weil sie ihre Augen den Mullahs nicht gönnen mochte, wenn, dann sollten sie gar nichts von ihr bekommen, eine große Sonnenbrille auf („innen und außen schwarz“, sagt sie; wie, innen schwarz?), um sich dann zu allem Überfluss später sagen lassen zu müssen, von den, wie sie erklärt, wahnsinnig eleganten Männern dort, das seien eben keine Pyjamas, was die da tragen, und da meinte eben einer von ihnen, dass das „neueste Sexsymbol“ im Iran Sonnenbrillen seien, ich glaube, sie meinte Fetisch. Sie lacht, sie erzählt noch etwas von ihrer Reise durch fünf Golfstaaten, ich kann kaum folgen, etwas, was ich aus der Schule kenne, ein Nebel der Lethargie senkt sich über mich, Gedankenfetzen schwappen mich an, vielleicht sollte ich sie fragen, ob ich mal in ihrem Tross mitfahren könne, vielleicht durch die Minigolfstaaten, und da fällt mir plötzlich wieder etwas ein, das passt ja jetzt hier, ich werde wach, ich lauere, bis sich die Gelegenheit bietet, in eine Atempause hineinzuhacken mit meiner Frage, ich habe über äußerst bizarre Wege, nämlich über die Redaktion von, ausgerechnet, Thomas Gottschalk eine Einladung bekommen zu einem Fest des Scheichs von Schardscha, das ist eins der sieben Emirate der Vereinigten Arabischen Emirate, dessen Flagge mich sehr erheitert, und allein deretwegen ich da hinmuss, sie sieht aus wie die japanische, aus Lego nachgebaut, also weißer Untergrund mit einem roten Rechteck in der Mitte, auch wenn diese Fete in Venedig stattfindet, einer Stadt, der ich bisher immer misstraut habe, ich könnte vor der schmerzhaft schönen Kulisse kapitulieren. Ich verkneife mir die Venedigtipps und frage sie stattdessen, wie man sich das so vorstellen soll, so eine Scheichsause, ich kenne die Region nicht, also die der VAE, nicht ihre Sitten und Gebräuche im Ausland, ob es da zum Beispiel Alkohol gäbe. Ihre Antwort kommt wie ein Peitschenschlag, ein berechtigter, ob ich da etwa hinwolle, um Alkohol zu trinken! Ich kann nur noch schwach denken, dass man doch auch nach Cognac fährt, um da Cognac zu trinken. Der Vergleich hinkt, zugegeben, eigentlich ist es gar keiner, aber ein Signal, nämlich das zum Aufbruch, ich kann hier nichts mehr ausrichten bzw. mein Kopf kann das nicht mehr, ich schaue auf meine japanische Kinderuhr, oh, 15.30 Uhr schon, ich muss dann mal, danke, dass Sie mir Ihre Zeit geschenkt haben. Schicken Sie mir das, was Sie geschrieben haben? Ja, klar, ich versteh das, man wird empfindlich und misstrauisch, wenn man von allen Seiten gezaust wird, aber das habe ich ja auch gar nicht vor. Zuhause blättere ich die kleinen Comichefte durch, die mir Schüssel noch mitgegeben hat, „von Kollege zu Kollege", Propagandamaterial für den EU-Wahlkampf, er zeichnet da offenbar mit, man kann das alles nicht lesen, es ist alles ganz furchtbar, und dort kommt auch die ehemalige Außenministerin vor, sie ist eine mühsam dem „Asterix"-Œuvre nachempfunden Figur, nämlich Troubadix, die singende Nervensäge, die am Ende immer gefesselt und geknebelt wird. Entschuldigung, hallo? Ich weiß nicht, ob sie weiß, dass sie selbst in ihren eigenen Reihen gezaust wird. ‹

SCHWAMMBROTLAND

Man kann, wenn man mit Superlativen sparsam umgehen muss, sagen, dass ein Landeanflug auf Eritreas Hauptstadt Asmara, nun ja, ganz besonders speziell ist, wenn man, wie gesagt, sich „schönster Flug“ verkneift, zu viele Superlative machen bekanntermaßen unglaubwürdig und müde. Aber wie seine Erleichterung darüber artikulieren, wenn man gerade der Transitraumhölle des Flughafens Kairo entkommen ist, in die man ein paar Stunden hineingeklebt war, inmitten ausgelaugter chinesischer Wanderarbeiter, deren einzige Energie, ihre Rücksichtslosigkeit, die Trauer kompensieren muss über den Umstand, als Sklave geboren zu sein und so auch sich einmal von diesem Erdenrund wieder zu verabschieden? Hier, in diesem scheinbar geschützten Raum, hier wird gewartet, ein Warten, das keine Hoffnung ersetzen kann, kein Geld, nur Bons, starke Zigaretten, Hunger und Kalkspritzer auf der Hose, schrundige Hände, magenzerfressender Schnaps, keiner hilft keinem, jeder tritt jeden.

Aber man ist ja dann auf dem Weg nach Asmara, in einem verblüffend leeren Flugzeug, vielleicht neun Mitreisende, in einer ansonsten normalgroßen Maschine, eine angenehme Hohlwelt, hier muss sich niemand behaupten, für jeden gibt es zwanzig Armlehnen, Bier gibt's nicht, die Mutter aller Getränke, aber das ist egal, in einem leeren Flieger fühlt man sich losgelöster als in einem vollbepackten, und die üblicherweise die Landung begleitenden empfangenen und abfedernden Lichter, die gibt es hier auch nicht. Wenn der krächzende Pilot nicht vage eine bevorstehende Landung ankündigen würde, wäre es ein echter Geisterflug, ein Zwischenreich empfängt einen, plötzlich ist man sich selbst nicht mehr der Nächste, der Transitraum in Kairo wird hier metaphysische Wirklichkeit. Man landet tief in der Nacht, es ist drei oder vier Uhr, und es steht nur noch ein Flugzeug irgendwo, sie haben ihm die Düsen mit alten Kartoffelsäcken verpackt, es ist eine Maschine der Eritrean Air, die Linie, die inzwischen eingestellt worden ist, man kann sich kein Kerosin leisten, eine Flotte, die aus einem einzelnen Flugzeug besteht bzw. bestand. Alles ist nur schwach beleuchtet, und die paar Passagiere taumeln wie Zombies über das rissige Rollfeld der Empfangsba-

Heimkommen

racke entgegen, die Luft ist dünn, über einem eine liegende Mondsichel, zweieinhalbtausend Meter liegt das hier hoch, und umso intensiver, bildet man sich ein, wattiert einen die warme Nachtluft, wohltuend, furchtnehmend, hier bist du sicher, so riecht das, nach Ziegenstall, Heu, Asphaltdunst, man ist richtig glücklich, und auch wenn man nie in Eritrea war, denkt man, endlich wieder zuhause, und man will eigentlich in Zukunft immer nur in völliger Finsternis landen, auf die Chronik eines angekündigten Todes kann man verzichten, die Geister, die aus dem Flugzeug kamen, das sind wir, und wir nehmen ein kleines gelbes Taxi, dessen Fahrer natürlich unfreundlich ist, warum kommt man so spät und warum sind wir so wenige, er faltet seine Decke zusammen, mit der er sich und die ebenfalls wartenden Kollegen bedeckt hatte, auf der Hinterbank saßen sie zu dritt, nein, sie schliefen, die Fenster beschlagen, die Bank schlafwarm, und man schleicht schuldig in die Stadt, die paar Lampen streuen über alles ein schmutziges Orange, eins, das man noch aus der DDR kannte.

In der Hotelbar braucht man noch ein Bier oder zwei. Was für eins? Natürlich das lokale, aber das gibt es nicht mehr, die Brauerei hat dichtgemacht, sie haben das Bier abgeschafft wie die Fluglinie. Chinesisches Bier gibt's, Tsingtao, aber das will man nicht. Dann eben ohne Bier ins Bett. Hier wird am falschen Ende gespart, eindeutig. Suwa, die aus vergorenem Fladenbrot gebraute Bierbrühe, gibt's hier natürlich nicht, das ist Privatsache, da muss man schon bei wem eingeladen sein, da schaut man dann vielleicht morgen mal.

Man schläft schlecht, wacht immer wieder auf, nach Luft schnappend, man weiß nicht genau, ist es der im Kopf genau vorgeschriebene Atemrhythmus, der einem jahraus, jahrein wortwörtlich in Fleisch und Blut übergangen ist. Aber hier oben in Asmara narrt einen immer wieder die dünne Luft, es kann Einbildung sein, aber zumindest ich musste dann und wann immer wieder gewissermaßen „nachschenken“, also einen Zusatzzug nehmen, weil das, was einem hier angeboten wird, einfach nicht ausreicht, in einem Volumen ist einfach nicht genug von dem, was man gewohnt ist.

Mittags fällt man dann aus dem Hotel und ist ganz bezaubert von den Menschen hier, die Männer sehen alle aus wie Ziegenhirten, verbogen und mager, manche haben auf ihrem Fahrradgepäckträger ein Zicklein geklemmt, das erbarmungswürdig meckert, oder einen Strauß zusammengebundener lebender Hühner, die Augen fragend weit geöffnet, am Lenker, die Frauen hingegen sehen aus wie Nofretete, stolz, diese geraden Nasen, diese zwischen Enttäuschung und Überlegenheit changierenden Gesichter, wie die US-Schauspielerin Pam Grier („Jackie Brown“), sie muss von hier sein, denn hier auf der pulsierenden Hauptstraße Harnet Road sehen sie alle so aus, dann auch zerschlissene Uniformen und Sandalen aus Traktorreifen tragende Zerlumpte, Versehrte, Einbeinige, Verwachsene, im zermürbenden Krieg mit Äthiopien wahnsinnig Gewordene, Gestalten, die nicht einmal mehr fähig sind zu betteln, geisterhafte alte Frauen, eins mit der staubigen Ecke geworden, in der sie jeden Tag hocken, eingewickelter in einer Art Gardine. Und dann fallen einem die jungen Männer mit ihrem grotesken Begrüßungsritual auf, sie geben sich die Hand und rücken dann mit den Schultern aneinander, verharren dort kurz und geben sich dann einen Stupser, wie Ziegenböcke, das geht bis zu sieben Mal so, je nachdem, wie lange man sich nicht gesehen hat, Tekabano nennen sie sich, die jungen Asmarinos, Tekabano heißt eigentlich Kleiderbügel, und so sehen sie auch aus.

Aber wenn es kein Bier gibt, was trinkt man dann, wenn man in den Abend dämmern will, also ein Land kennenlernen, ins Land quasi fließen möchte? In den Bars sitzen die alten Männer, die Kleiderbügel nicht, im Glas, das sie vor sich stehen haben, schwimmt eine trübe Flüssigkeit, trübe wie die Augen unter den halbgeschlossenen Lidern, Areqi ist das, eine Art Ouzo, lauwarm, trübe vom Louche-Effekt (frz. louche = undurchsichtig, verdächtig, anrüchig), der entsteht, wenn man dem fetten Anisgesöff Wasser beimengt, Öl-in-Wasser-Emulsion, in der hydrophobe Ölteilchen von Wasser, also von einer Art Hydratmantel, umgeben sind, an den Grenzflächen zwischen Wasser und Öltröpfchen wird das Licht gestreut (Tyndall-Effekt), was die milchig-weiße Trübung hervorruft. Die Araber nennen das Getränk Arak, sie haben es auch erfunden, die Griechen und ihre Kollegen nur nachgemacht, sie brauchen sich gar nichts darauf einbilden. Arak heißt Schweiß, klarerweise – aus dem eiernden Kassettenrekorder piepsen die plombenaufweichenden und seelenzerrüttenden Elfenchöre aus der Oper „Lakmé“ von Clément Philibert Léo Delibes, das Blumenduett, man kennt ein Partikel daraus von der Marmeladenreklame der Firma Darbo, hier passt sie irgendwie, mitten in Afrika, die Oper spielt in Indien –, die gängigste Marke des Getränks heißt Zibib, und das geht mir leichter über die Lippen als Areqi – zibib zibib, so machen unsere Blaumeisen im Frühling, wenn alles wieder beginnt im Jahr –, und auch wenn man mich nicht verstehen will, sie mich immer zwingen, Areqi zu sagen, komme ich doch immer wieder mit Zibib an, denn es scheint, als würde einem der Zibib im Glas durch die Gesänge der Feen aus dem Kassettenrekorder milchig werden, Lakmézibib mit Tyndall-Effekt, und du fühlst dich wie der Pfalzgraf von Swasiland, und wenn man dann noch in der Zilli-Bar sitzt, kommt alles zusammen, was zusammengehört, onomatopoetisch und auch sonst so, wer das nicht versteht, soll doch dorthin gehen, wo er wohnt. Den Abend beim Werden zusehen, ein magischer Moment, draußen legt sich auf alles eine rosarote Schmiere, auch auf die länger werdenden Schatten, innen, in einem drinnen, legt sich die milchige Schmiere ebenfalls auf alles, während Lakmé, die Tochter eines fanatischen Brahmanenpriesters, aus Verzweiflung eine giftige Blüte isst und Gérald, ihrem vom Vater verwundeten Geliebten, eine Schale mit heiligem Quellwasser gibt, um ihn davon trinken zu lassen, sein Genesen soll ihr Hinscheiden kompensieren. Auf dem Dach der Zilli-Bar rotiert ein Drahtherz, in ihm steht auf Tigrinya, der Sprache Eritreas, das Wort für Herz – das für jene, die keine Piktogramme lesen können. Zilli heißt hüpfen, nur wird das Herz einem hier immer weiter, immer breiter, hüpfen will hier gar nichts mehr, auch werden die an den langen Schatten hängenden Leute draußen vor der Bar immer langsamer, alles wird langsamer, und die zunächst blassrote Schmiere des sich ankündigenden Abends wird regelrecht haptisch, belebte wie unbelebte Dinge werden klebrig, das kann mit der erhöhten Luftfeuchtigkeit zu tun haben, die aus dem warmen Asphalt sickert, in die nun kühler werdende Luft, sie bindet die Abgase und den Staub und senkt sich nieder auf alles, und während es draußen dunkler wird, alle Facetten des Rots durchlaufen wurden, das geht sehr schnell und ist sehr einlullend, man verpasst, wenn man auch nur kurz seine Gedanken unbeaufsichtigt lässt, oft ein paar dieser spannenden Nuancen, man muss jetzt sehr konzentriert sein – während es sich also draußen verfinstert, aber man noch alles gut sehen kann, schaltet der Wirt innen die Neonlichter an, das fairste Licht überhaupt, die Kryptonröhren müssen natürlich erst einglühen, so, als suchten sie ihre optimale und klinische Betriebshelligkeit, und nun beginnt der eigentlich magische Teil des Tages, wenn sich das Rosa des Draußen mit der unkorrumpierbaren Fahlheit des Innen versuppt, als Bindeglied die Klebrigkeit des Abends, der Trost der harrenden Gäste ist aus ihren Augen in den öligen Glasinhalt gewandert, alles vermischt sich zu einer Wohlfühlschmiere, und das Braun der Gesichter der schicksalsergebenen Barinsassen wird jetzt plötzlich oliv wie das der Protagonisten in „I Walked with a Zombie" von Jacques Tourneur, das alles ist vielleicht vergleichbar mit dem sogenannten grünen Leuchten, das am Horizont entsteht, kurz nachdem die nur noch schwach wärmende

Tesfazghi, mein Mann

Sonne im Meer versunken ist, dem Moment, den Myriaden von Touristen jagen, wenn sie auf Molen sitzen und ihren Sundowner trinken, kuhäugig, verbrutzelt, rammdösig. Nur kann man eben das in weit raffinierterer Form in der Zilli-Bar haben, im wundervollen Asmara. Warum geben sich die Leute bloß immer mit dem Einfachsten zufrieden, und warum geschieht dies immer im Rudel? Das ist sicher ein weit größeres Rätsel als ein Sonnenuntergang.

In einer anderen Bar, der Kennedy-Bar in der Via Nakva, die der honorable Signore Tesfazghi betreibt, bin ich dann noch lieber, sie ist größer, die Männer sind noch älter, also Zilli für die Alliteration mit dem Zibib, Kennedy, wo man zuhause ist, wo man angekommen ist.

In der Kennedy-Bar also erzählt Signore Tesfazghi von seiner Zeit als Fußballtrainer des FC Fognature, 1969 war das, Fognature ist italienisch und heißt Abwassernetz, sie trainierten neben der Kläranlage. Tesfazghi hat eine seltsame Obsession, er sammelt diakritische Zeichen, er hat ein kleines Heft, in das er aus Büchern Tilden, Cedillen, Umlaute, aber auch Ligaturen (wie unser ß) überträgt, als ich mal kurz auf einem Ort bin, wo ich die Flunder wässere, und wiederkomme, da sitzt er schon über meiner Reiselektüre, Knut Hamsuns „Auf überwachsenen Pfaden“, und sucht interessante Zeichen für seine Sammlung. Ich komme gerne zu ihm. Einmal brachte ich einen Japaner mit, den hab ich auf der Straße quasi aufgelesen, das heißt, ich konnte ihn von hinten an seinem o-beinigen Wackelgang erkennen, Eritreaer bzw. Tigrinya trippeln und tapsen eher, sie storchen, die männlichen, die Kleiderbügel, die Nofretetefrauen schreiten natürlich, ich mag Japaner, sie sind so leidensfähig, man muss sie quälen, man beißt sich an ihnen die Zähne aus, und sie lächeln, weil sie nichts verstanden haben, sie können Irrtümer und Fehler nicht zugeben, sie können und wollen nicht verstehen, was oft aufs Gleiche hinausläuft, „meiner“ war ganz besonders bockig, aber das lag vielleicht daran, dass er so jung war und Berufssoldat dazu, ein Funker, halb so alt wie ich, Yuta hieß er, also Jutta auf Japanisch, immer wenn es draußen klopfte, meinte er, das sei jetzt ein M gewesen oder ein anderer Buchstabe eben, ihn verfolge das Morsealphabet überall hin, wir stritten uns, oder versuchten es – es ging um Obdachlosigkeit in Japan, all die Schachtelmänner, die in den Parks und Bahnhöfen liegen, er meinte, sie seien nur zu geizig, Miete zu zahlen. Okay, er muss also bestraft werden, ich zwang ihn auf Finnisch bis zehn zu zählen, er übertrug das auf einem Zettel rasch ins Katakana, sozusagen das japanische Steno, einmal geprobt, und schon ging das ohne hinzusehen, ich winkte Signore Tesfazghi herbei und zwang Yuta auf einem Bein stehend dem *padrone* das aufzusagen, er musste das einfach machen, im Namen der Obdachlosen Tokios, *yksi, kaksi, kolme, neljä, viisi,* ist doch ganz einfach, muss man nur wollen, Tesfazghi lachte über das ganze eierförmige Gesicht, aber ich gehe davon aus, dass er nicht begriff, worum es ging, vielleicht hat er, wenn er den Film „Der Blaue Engel" kennt, die Demütigungsparallelität erkannt, Professor Unrat und die fesche Lola, das bin jetzt ich, aber ich denke, er hielt die kleine Übung für einen Abzählreim für Kinder, und nicht anders klingt es ja, *kuusi, seitsemän, kahdeksan, yhdeksän, kymmenen,* ich kann das noch im Schlafanzug, wie der Japaner Morseklopfzeichen im Schlaf zu Wörtern und Sätzen zu verbinden imstande ist, er meinte, hier in Eritrea ginge es ja, da hupt man ja kaum, in Indien aber, da werde er schier verrückt, wo sie kreuz und quer fahren, um auf Pappdeckeln kauende Kühe herum, und sich oft nicht mehr bewegt als die Hupe, da hingen dann angefangene Wörter in der Luft, ohne Sinn und Hoffnung auf Vollendung, und das Ganze auch noch auf Hindi oder oben, also im Norden, auf Urdu. Der Japaner sammelt Länder, dabei ist er noch einfallsloser als die sogenannten Groundhopper, Fußballplatznarren, die um die ganze Welt wetzen, um Spiele noch in der tiefsten Regionalliga auf möglichst exotischen Plätzen zu besuchen um dafür nach einem ausgeklügelten System Punkte gutgeschrieben zu bekommen in irgendwelchen Foren im Internet, der kleine Morsesoldat bekommt nur Stempel in seinem davon überquellenden Pass und kriegt ansonsten nichts mit vom Land. Ich muss ihm das alles erst erzählen, auch wenn ich sicher bin, dass nur ein Bruchteil der Informationen es schafft, in seinen kleinen Körper einzudringen. Zumindest kann er, und das ist ja schon mal ein Riesenschritt für einen Japaner, einigermaßen gut Englisch.

Afrika sei ja, das zumindest müsse er doch wissen, mit Beginn des Endes des 19. Jahrhunderts von Europäern förmlich zerschnitten worden wie ein Tischtuch, aufgeteilt, jeder hätte sich ein Stück gesichert, das er ausrauben konnte, Belgier, Portugiesen, Deutsche, ja sogar Finnen, ja, das stimme (ein bisschen foppen muss sein), ob er verstehe? Ja, er nickt, Swasiland, das war finnisch, und hier, wo wir sitzen, das war italienisch, deswegen begrüßt uns Signore Tesfazghi immer mit *ciao come stai oggi*, er würde fragen, wie es uns denn so ginge heute. Ach so? Der Japaner macht runde Augen, ich könne also auch Italienisch? Ja, so ein bisschen, das Nötigste halt. Zum Beispiel: „Il fascismo é una casa di vetro." – Benito Mussolini, den kenne er doch, der Duce, er definierte den Faschismus als ein Glashaus. Nach der Machtübernahme der Faschisten am 30. Oktober 1922 hatten sich alle kulturellen Richtungen am Aufbau des „Mythos Mussolini" zu beteiligen, und die Architektur sollte dabei eine der wichtigsten Stellen einnehmen, und das nicht nur im Mutterland, sondern auch in der afrikanischen Dependenz, also hier in Colonia Eritrea, wie das damals hieß, und von wo aus sie später auch noch Äthiopien und Somaliland eroberten, und das Ganze Italienisch-Ostafrika nannten, Africa Orientale Italiana.

Im Gegensatz zum faschistischen Deutschland vollzog Mussolini in der Kultur keine Gleichschaltung. Unterschiedliche künstlerische und intellektuelle Strömungen wurden vielmehr mit Mitteln einer äußerst geschickten, die bestehenden Polarisierungen sorgfältig nutzenden integrativen Konsensstrategie für die Schaffung einer faschistischen Kultur gewonnen. Asmara sollte die Hauptstadt Afrikas werden, der Japaner nickt höflich, vielleicht träumt er davon, dass der Tenno selbiges in China hätte auch vornehmen sollen, aber vermutlich kriegt er nichts mit von meinem Vortrag, ich gehe weiter, in den Dreißigerjahren fuhren in Asmara bereits mehr Autos als in Rom, das Stadtzentrum ist größtenteils im Stil der Architettura Razionale, der italienischen Variante der Moderne, entstanden. Die Formensprache bezog sich auf geometrische Grundelemente wie Kugel, Quader, Zylinder und bauhauseske Brühwürfel. Die Stadt sollte zum städtebaulichen Gesamtkunstwerk werden. Asmara ist die einzige größere Stadt der Welt, in der man auf die verschiedensten Bewegungen moderner Baustile und deren Vorläufer trifft, und zwar in schwindelerregender Zahl, ein bröckelndes Museum der Moderne. Neben den mehreren hundert in einer sachlich nüchternen Formensprache entstandenen

Häusern bauten auch Vertreter des Art déco und Novocento, des Futurismo und Monumentalismo Häuser. Die Zilli-Bar gehört natürlich dazu, auch die stockfinstere Crispi-Bar, in der die Zeit nicht stillsteht, sondern sogar rückwärtsläuft. Die Tankstelle, die wie ein Flugzeug aussieht, die prächtigen Art-déco-Kinos, in denen Fußballspiele übertragen werden, Champions League, Werder gegen Schachtar Donezk oder so, Filme kommen hier nie an.

Italien war ja in den Dreißigerjahren nicht gerade die Speerspitze der Industrialisierung, sodass sie bereits feierlich wurden, wenn mal ein Traktor vorbeiknatterte, deswegen musste das alles durch alberne futuristische Manifeste und schauerliche Malerei kompensiert werden, wovon man in Asmara eben bis auf die atemberaubende Architektur gottlob nichts mitbekam, und nun kam, nach dem Ende des Zweiten Weltkriegs, das zweifelhafte Glück dazu, dass man zu arm war, die Gebäude abzureißen, aber das steht natürlich nicht in seinem retardierten Lonely Planet, mein Japaner tut so, als sehe er es ein, nickt schuldbewusst. Plötzlich kommt an unseren Tisch ein Kleiderbügel, also ein junger Eritreaer, ich schätze mal gleiches Alter wie Yuta, also Mitte zwanzig, so was, setzt sich dazu, es kommt überraschenderweise Hessisch aus ihm, ein hessischer Kleiderbügel, nanu, er legte gleich los, „was mer da babbele", gemeint war wohl vorhin das Finnisch des Japaners, das hatte ja das ganze Lokal mitbekommen, umgekehrt, meinte ich, wie es denn möglich sei, dass er Hessisch spräche, und warum er gerade *uns so* anspräche, er meinte, er hätte an meinem Englisch die deutsche Färbung erkannt,

Schneidige Tanke

sein Name sei Woldu, er komme aus Gießen, der Stadt mit einem Wahrzeichen namens Elefantenklo, wie mein Sechzehntelwissen sich einzumischen weiß, einem riesigen Loch in einer Brücke, um das die Autos herumfahren müssen, seine Eltern hätten ihn als Siebenjährigen nach Hessen geschickt, damit er nicht als Kindersoldat im sich ewig hinziehenden Krieg mit Äthiopien ende, mit „abbem Bein oddä so", die Drastik ist dem Hessen offenbar eigen, er macht Sägebewegungen auf seinem Oberschenkel, ich frage ihn, will ihn prüfen, ob er wisse, dass Swasiland eine finnische Kolonie war, er bewegt den Kopf zustimmend, ich bin verblüfft, ich sage es dem Japaner, siehst du, was der Mann bestätigt? Beide nicken synchron wie zwei Spielzeugaffen, vielleicht bin *ich* ja hier der gefoppte Federball. Ich komme mir vor wie der Vater dieser beiden renitenten Jungs. Zu meiner allergrößten Verblüffung, aber ich vermute, dass das in Hessen zum allgemeinen Schulstoff gehört, wusste Woldu, der Kleiderbügel, zu berichten, dass Finnland Ende des Jahres 1918 mal einen König hatte, und zwar Friedrich Karl von Hessen-Kassel, sein finnischer Name war Väinö I., bis 1917 war Finnland ja ein russisches Großfürstentum, dann die Unabhängigkeit, die Bolschewiken hatten nichts dagegen, das Parlament wählte unter Ausschluss der Sozialdemokraten die Monarchie als Staatsform, die Wahl eines deutschen Prinzen verstärkte die Bindung an das Deutsche Reich, das Finnland und insbesondere dessen antibolschewistische Kräfte militärisch unterstützt hatte. Die Niederlage Deutschlands im Ersten Weltkrieg und die Abdankung Wilhelms II. ließen einen deutschen Fürsten auf dem finnischen Thron allerdings nicht mehr akzeptabel erscheinen. Am 14. Dezember 1918 dankte Friedrich Karl bzw. Väinö I. nach nur zwei Monaten ab. Na bitte, nun hatte *ich* auch mal was gelernt, und eilfertig schiebe ich nach, dass diese kurzehosenkurze Regentschaft Väinös nun aber eine Fortsetzung erführe, weil ja Jimi Tenor, der bleiche finnische Elektrofunkmusiker (Sähkömies, Elektriker, so nennt er sich), derzeit mit der swasiländischen Combo Kabu Kabu Platten aufnimmt, um den Globus tourt, also emsig wie eine Ameise ist, das sei dann die Fortsetzung von dem, was vor circa neunzig Jahren so fragil begann und knapp darauf unglücklich endete, denn im Grunde war Väinö I. ja auch Protektor von Swasiland, versuche ich meinen Söhnen in diesem Moment, Yuta und Woldu, an den Haaren etwas Interessantes zum Spielen herbeizukonstruieren, ich schaffe mir die Welt, wie sie mir gefällt, wer hat das noch mal gesagt? War das nicht Mussolini?

Wir kommen hier nicht weiter, und der Hunger bohrt in uns wie das Erdferkel, Eritreas Nationaltier, im Ameisenbau, wir fragen Signore Tesfazghi nach einem guten Wirtshaus, er empfiehlt uns das Restaurante Milano in der Felket Avenue. Auf dem Weg dorthin erzähle ich meinen zwei Adoptivsöhnen vom Erdferkel, dass es auf Afrikaans Aardvark heißt, eins der wenigen ins Englische übernommenen Worte, auf Finnisch, das muss jetzt sein: Maasika, Vorsicht, nicht verwechseln mit Mansikka, der Erdbeere, das Ferkel gehört zur Familie der Zahnarmen und gleicht mit seinen hasenartigen Ohren, dem Känguruschwanz und dem Schweinerüssel keinem anderen heute lebenden Säugetier, man weiß nicht, woher es kommt, wohin es gehört, man weiß so wenig, manche Zoologen sehen sie gar in verwandtschaftlichem Verhältnis zu den Walen, die Ferkel hätten sich aber von ihnen bereits vor neunzig Millionen Jahren getrennt, seien einfach verduftet, vielleicht im Streit.

Aber eines weiß man zumindest, dass sie ihren Bau selten vor 22 Uhr verlassen. Und genauso spät ist es auch jetzt, als wir das Milano entern, keine Chance also, einem von diesen Kollegen zu begegnen.

Aber wir sind am Shida-Platz vorbeigekommen – kleiner Vortrag für den Japaner: Shida ist das arabische Wort für Sandale –, in der Mitte des Platzes stehen zwei gigantische Sandalen aus Blech. Diese Schuhe sind, mehr noch als für die Füße, für die Psyche des eritreischen Volkes wichtig, die Soldaten der Volksbefreiungsarmee trugen sie während des dreißigjährigen Krieges mit Äthiopien, sie sind ein

Schwammbrot, gerollt

Teil ihrer Uniform, nicht teuer, leicht zu reparieren und einzuschmelzen, wenn sie kaputt sind, weil aus Plastik, die Luft kann zirkulieren, mit einem Knobelbecher kann man hier keine Katze hinterm Ofen hervorlocken, jetzt sind die Sandalen ein Symbol für die Unabhängigkeit des Landes, sie und das Erdferkel, was für eine Bombenkombo.

Im Milano wohltuend gefräßige Stille, wir bestellen Injera, also das Brot, ohne das in Eritrea gar nichts geht, es ist nass und porös wie ein Schwamm, ein riesiger, runder, saurer Fladen aus Taff, dem kleinsten Getreide der Welt, Zwerghirse, ist fünftausend Jahre alt, sehr robust, wächst überall, der Fladen ist grau und wird im Neonlicht noch grauer, seine Struktur ähnelt Darmzotten, auf ihm wird alles ausgebreitet, was essbar ist, Zilzil, Spris und Tibsi, alles höllisch scharfe, gulaschartige Fleischbrocken, es ist so scharf, dass man kaum ausmachen kann, von welchem Tier (könnte gut und gerne Erdferkel sein) und von welchem Teil dieses Tieres das ist, was man ins Schwammbrot rollt und unter Schmerzen möglichst schnell aus der Mundhöhle der Peristaltik in weniger empfindlichen Regionen weiterreicht, und hier gibt es plötzlich Bier. Zwar nur Suwa, also die aus Brot privat gebraute Bierbrühe, warm noch dazu, blasenwerfend, gärt noch leise vor sich hin, aber immerhin Getreide ist drin, fünftausend Jahre alte Zwerghirse eben, auf den Hopfen kann man auch schon mal verzichten, vor fünftausend Jahren gab's vermutlich noch nicht mal Hopfen, und jetzt nimmt quasi das Gestalt an, was der Volksmund über den Nährwert von Bier immer sagt, es sei wie ein halbes Brot, hier *ist* es ja Brot. Und später beim Googeln nach den Bestandteilen von Suwa – das hätte mir jetzt hier noch zum Glück gefehlt, auch weil die Kommunikation mit meinen beiden Adoptivsöhnen gerade verdorrt ist –, was taucht da an den ersten Stellen auf?, eine Frau Dr. Yuriko Suwa-Bier, Professorin für Mathematik an der Carl von Ossietzky Universität Oldenburg/ Center für Lebenslanges Lernen. Na, wenn die wüsste, dass man sie hier dringend gebraucht hätte, die japanisch-eritreische Völkerfreundschaft wäre zügiger vorangekommen, und lernen wollen wir ja, immer mehr und nie zur Ruhe kommend. Und was war das Thema ihrer Dissertation: „Positiv definite quadratische Formen mit gleichen Darstellungsanzahlen". Eben, das fehlte noch, denn so sieht ja Asmara auch aus, positiv definite quadratische Formen, umwickelt von grauem Schwammbrot, Bauhausrouladen sozusagen. ‹

PLÖTZLICHER HIMBEERTOD

Es rollt und rollt und hört nicht auf zu rollen. Das Meer, an dem man entlanggeht, widerwillig gibt der Sand nach, leise knirschen die Muscheln unter den Schritten wie trockene Maronischalen im November. Man geht akkurat immer am Saum des Meeres entlang, der sich ununterbrochen neu definiert. Der Saum ist eingedickte Gischt, ein Salzsaumschaum, der nach etlichem Rühren und Rollen hier nun am Ziel zu sein scheint, aber der Sturm hetzt die Schaumflocken noch weiter, immer weiter über die Strandpiste, wo sich die einzelnen orientierungslosen Flocken zu komprimierten Kollektiven versammeln, so, als wären sie magnetisch, aber das ist offenbar der schicksalhafte Überlebenskampf einzelner kleiner Luftblasen, sie ziehen sich an, sie suchen sich, dann werden sie eine gemeinsame große Blase, bevor sie platzen und endlich zur großen, riesengroßen Mutterblase kommen dürfen, die, die uns alle ernährt; oder sie trocknen aus, das heißt der sie umschließende Salzwasserfilm wird müde, entspannt sich, sickert in den Sand. Die Luft weicht dann seitlich, irgendwo durch eine morsche Falte, die keinem auffällt, aus, verpufft völlig undramatisch. Übrig bleibt ein champagnerfarbenes Gespinst aus dem, was man noch so mitgenommen hat, Algenfasern, Plankton, erschöpfte Kleinstlebewesen, es sieht aus wie zerrissene Fetzen nasser Dessous, in dem langschnabelige Schlickvögel, Bekassinen und Regenpfeifer stochern, die größeren Möwen schon nicht mehr, denn die haben zuvor den Strand bereits nach Meeresgemüse und Muschelaas abgegrast, alles, was die Ebbe so hinterlassen hat, sie umsegeln, wie

Kleine belgische Zementidylle

sie es als brave Kulturfolger gelernt haben, bereits die Müllkippen und Kläranlagen des Hinterlands nach weiterem Futter.

Belgiens Küste bietet neben diesen nie endenden Mikrodramen auch bauliche Dramen. Weil man die Städte und Städtchen hier, wohl um die Dünenlandschaft intakt zu lassen, nur auf begrenztem Areal zulässt und diese auch nur bis zu einer maximalen Höhe von elf Stockwerken, um dem theatralischen Himmel nicht in die Quere zu kommen, ähnelt das alles ein bisschen Hongkong, wo man auch montanbegrenzt und auf engstem Raum ganz schmucklos schmale Häuser in die Höhe zu ziehen gewohnt ist, die, kaum dass sie Zeichen von Verrottung und Verlotterung aufweisen, sogleich abgerissen werden, um ein neues in die Lücke zu pressen, durch die man gerade mal spucken kann. Architekten scheint es nicht zu geben, denn das nachfolgende Haus ist immer noch eine Spur zweckoptimiert gruseliger als dessen Vorgänger. Aus der Ferne sehen diese Blöcke von aneinandergeklebten Häusern aus wie uneinnehm- und unzerstörbare Festungen. Aber der Schein trügt, hier findet ein gnadenloser evolutionärer Auslesekampf der scheußlichen Stile statt, der sich aber hauptsächlich an der Stirnseite zur Küste hin abspielt. Lässt man sich dann buchstäblich in die Orte fallen, denn man hatte sich ja immer gegen den Sturm stemmen müssen, findet man doch auch wieder das kleine gemütliche Belgien, das beispielsweise in Blankenberge eine kuriose Mischung aus einem rein kommerzorientierten Tourismusort und gewachsenen alten

Strukturen aufweist, düstere, freudlose, ostische Kaschemmen, in denen breitbäuchige Pullundermänner mit zahnlosen Gesichtern wie festgewachsen auf dieser pervertierten Art von Barhockern, also jenen mit Rücken- und Armlehnen, thronen, da brüten sie vor ihren absurd aromatisierten Spielzeugbieren, wie dem nach einer Schnepfenart benannten Kirschbier „Kriek Bekasse" oder dem Plötzlichen Himbeertod („Mort Subite Framboise"), die sie eigenartigerweise immer in der kleinsten Maßeinheit (Viertelliterklasse/25 cl) ordern, obwohl es sie auch größer gäbe, häufig auch bestellen sie gleich zwei davon, immer steht vor ihnen eine ganze Batterie von Gläsern leerer, halbleerer und voller Gläser, und als Ordnungsprinzip oder Anker die Schachtel mit den dicken Belga-Zigaretten vor sich, auf denen sie akkurat das Feuerzeug abgelegt haben, so, als sei es das letzte Ritual vor einem möglicherweise eintretenden unverhofften Himbeertod. Ein kürzlich eingeführtes Leichtbier namens „Jupiler Blue" wird kaum eine Chance haben, sich durchzusetzen, man vergleicht es bereits mit dem als Grachtenwasser bespöttelten Heineken des östlichen Nachbarn. Der beste Ort im Ort ist zweifellos die Brasserie Herman, Kerkstraat 102, außer den obligaten 37 Biersorten gibt's in der Speisekarte nur noch etwas, was mit „Proef onze superlekkere in huis bereide overheerlijke bordje kaas en worst" angepriesen wird und nichts als Käse und Wurstwürfel („überherrlich") sind. Als ich fragte, ob sie Brot dazu hätte, schaute mich die rotbackige Schankmaid an, als hätte ich nicht alle Tassen

Zementhirsch und Wasserspeicher

im Schrank, sie wiederholte das dann demonstrativ und scheinbar gleichsam als Bestrafung so laut, dass sich alle Pullundermänner umdrehten, um nachzusehen, wer denn da um Brot bettelte. Meine Sitznachbarin schob ihre Hand, weil ihre Finger blau waren, blau vor Kälte, einer Kälte, die wohl ich hereingebracht haben musste mit meinen kauzigen Beilagenwünschen, in ihre Handtasche, um sie aufzuwärmen. Als Brotersatz brachte man mir dann gnadenhalber Senf.

Das ist alles so einnehmend finnlandesk, so mitten in Hongkong, dass man sich immer wieder dessen versichern muss, dass man ja eigentlich doch nicht so weit weg ist, sondern nur in Belgien, also in Kerneuropa, aber doch weit weg vom pittoresken Puppenstubenbelgien à la Brügge und Gent, und ebenfalls vom Nachbarort De Haan, mit all seinen herausgeputzten, rosafarbenen Kuchenhäusern, ein ehemals hochherrschaftlicher, geschminkter Badeort, durch den sommers wie winters eine Karawane von Kleinbürgern zieht, die sich geringfügig mondän fühlen möchte und mag.

Das eigentliche Belgien ist das, wo man Pit-Pat spielen kann, ein groteskes Spiel, das man nirgendwo sonst so massiv vorfindet wie hier, eine lächerliche Mischung aus Minigolf und Billard, aber die Leute lieben es und pflegen ihre Anlagen, als sei es die edlere Form eines Spiels, das per se schon Verliererstatus hat. Das eigentliche Belgien findet man aber natürlich auch auf dem Tisch, auf dem ein großer Kochtopf mit Miesmuscheln steht, teilweise übersät mit Seepocken, in gepfeffertem Fenchelsud, mit den obligatorischen (weil hier erfundenen) Pommes frites und triefend fetter Mayonnaise und dazu vielleicht ein Kwak, ein Bier, das, weil jedes Bier natürlich sein eigenes unverwechselbares Glas braucht, in einer Art Erlenmeyerkolben gereicht wird. Die das Mahl abschließende Waffel mit dem Schlagobersturm nimmt man besser nicht mit Kaffee, denn der hier ist noch dünner als der im für seinen dünnen Kaffee bekannten Finnland, er schmeckt wie eine Persiflage, wie eine billiges Remake, und man hat den Verdacht, das sei in Wirklichkeit nichts anderes als ein mit künstlichen Kaffeearomen nur unzureichend kaschierter Fenchelsud. Bleibt man halt beim Bier, es gibt zwar noch kein Kaffeebier wie in Tschechien, aber man hat auch schon Senf- und Weinbier erfunden, es ist ja sowieso schon egal, was man in sich hineinschüttet, spannend ist es allemal, wenn man risikofreudig ist. Dann fällt man wieder auf den Strand, weil der durch die handtuchschmalen Häuserschluchten pfeifende Wind eine Sogwirkung zum Wasser hin entwickelt. Man geht die Kalorien ab, und das am Strand besonders effizient.

Denn wenn man das erste Mal danach wieder festen Boden unter den Füßen hat, etwa Asphalt, stellt sich ein eigenartiges Phänomen ein: der Geh-Jetlag. Weil für jeden einzelnen Schritt im Sand so viel Kraft aufgewendet wird wie für zwei auf nicht nachgebendem Untergrund, erscheint es einem plötzlich, als schwebe man, als sei der Asphalt elastisch. Oder sind das nur die verbrannten Kalorien, die einen auf einmal so leicht machen?

Der Besucher Belgiens sucht etwas anderes, etwas, das ihm auf der Reise im Leben über sich selbst klargeworden ist. Ich zumindest suche meinesgleichen, nämlich das keinesfalls Perfekte, das Gutgemeinte, aber Schlechtgemachte, das Unaufwendige und schnell Erreichbare, ja das Gerade-noch-Machbare, die ewige Vier minus ohne Lernen, den auf ewig schlingernden Kompromiss ohne rechten Kurs, ein Land, in dem nichts richtig zu sein scheint, dafür aber alles marode und solide zugleich. ‹

14 MAUSEFALLEN

Ich weiß jetzt, warum die Italiener nicht so fett sind, wie sie sein müssten. Jeder hat sich wohl schon mal gefragt, warum sie, die ununterbrochen damit beschäftigt sind, zu essen oder übers Essen zu reden, nicht so korpulent wie Walrösser oder Luciano Pavarotti sind. Italienische Ostereier beispielsweise sind so groß wie die verhätschelten Kleinkinder, denen man sie (ohne dass sie sie groß suchen müssten) schenkt, trotzdem sind die Kinder zaundürr. Bewegen können sie sich nicht, sie sind einfach zu faul. Wandern beherrschen sie nicht, es gibt ja nicht einmal ein italienisches Wort für diese Tätigkeit, Spazierengehen ja, Schlendern auch, Wandern nicht, und deshalb fahren sie in ihren herrlichen Dolomiten mit ihren grotesk bis zur Selbstdemontage unelegant aussehenden Familienschachtelautos bis zur Seilbahnstation, gondeln hinauf und sitzen dann, ach was sitzen, fläzen dort oben, uniformiert in dicken Markendaunen- und Fleeceensembles, Siebenachtelhosen, oder wie man diese jedes vernünftige Auge und logische Maß beleidigenden Hochwasserhosen nennt, an denen unten auch noch in indischen Schwitzläden genähte Wanderschuhe hängen, in die sie ihre Puppenfüße sorgsam verpackt haben, nicht ohne sie zuvor in Füßlinge gesteckt zu haben (Füßlinge!), da sitzen sie also über den üblichen Teller öltriefender Fettucine gebeugt oder über dem nougatgefüllten Schmierzeug, das alles selbstverständlich wohlig schmatzend eingenommen werden muss, kauen müssen sie auch nicht, weil sie ja währenddessen reden müssen, und die italienische Küche ist praktischerweise weich, der Speisebrei rutscht einfach so unverzollt durch sie durch, hinten kommt raus, was in ihrer Lieblingsstadt Venedig zwischen den Häusern schwimmt, also an ihren Küchen vorbei.

Dass sie nicht verfetten, liegt einzig daran, dass sie so viel reden, sie reden, als sei das viele Reden lebensnotwendig wie die Sauerstoffaufnahme, gleichzeitig verbraucht das aber auch enorm viele Kalorien. Wenn man die dadurch entstandene Energie an einem beliebigen Tag bündeln würde, wäre es ohne weiteres möglich, damit für eine Woche im Winter die nach Wärme winselnde russische Stadt Murmansk zu heizen. Italiener machen ununterbrochen ein irrsinniges Getöse um nichts, denn alles zu Sagende ist ja im Grunde genommen schnell gesagt, es ist so, als *müssten* sie reden, sonst würden sie einschlafen, verfetten oder, schlimmer, sterben. Auch haben Italiener nicht nur riesengroße Angst vor der Stille, sondern auch davor, alleine zu sein, weswegen sie immer ängstlich aneinandergedrückt wie eine Herde Paarhufer in großen Gruppen verreisen.

Was für mich ein großes Rätsel ist: Warum musste das vergleichsweise ebenso mächtige und einflussreiche griechische Reich untergehen, eine Nation, die in den Rang eines Dritte-Welt-Landes rutschte (man findet beispielsweise kein einziges griechisches Restaurant in ganz Lissabon, nur so viel zum Erfinder von Europa), während das römische sich trotz Vaporisierung seines gigantischen Einflussbereichs eines fragwürdigen, aufgeblasenen

Stolzes, eines Geckentums und Getöses und einer schmalzigen Schwatzhaftigkeit befleißigt, die ihresgleichen sucht. Wo ist die Demut geblieben? Der Grieche hingegen macht aus seinem Schicksal etwas, er wird liebenswürdig, verschroben, raucht, und in den Vitrinen wird das matschig Gekochte lau. Einsicht ist aber den Italienern nicht gegeben, Berlusconi, der Imperator, ist beliebt wie eh und je, ein selbstherrlicher Lügner, Affe, Drängler und Operettenbuffo, aber so was mögen sie offenbar, sie verehren ihn, die, die so Angst haben vorm Alleinsein, die Eitlen, die so sehr an Lob und Bestätigung hängen, und wenn das nicht kommt, streicheln sie sich selbst vorm Spiegel, dem polierten.

Ich habe einmal, so unglaublich es klingt, einen alleinreisenden Italiener getroffen, und zwar in Usbekistan, ihn habe ich, auch wenn ich die Antwort ja bereits kenne, gefragt, warum seine Landsleute so selten einzeln unterwegs sind. Auf mich brach ein Schwall haarsträubend schlechten Englischs ein, der, von unnötig ornamentaler, heißer Luft verschlankt, in der Erklärung kulminierte, dass Italiener eben den Luxus liebten. Was soll denn das für ein Argument sein? Man kann doch auch luxuriös alleine unterwegs sein. Oder meint er den Luxus, sich von einem Gruppenleiter wie ein Daumenlutschkind alles abnehmen zu lassen? Vermutlich. „Mein" Italiener heißt Vincenzo, wir trafen uns im Bus von Samarkand nach Taschkent, auf ihn werde ich etwas später zurückkommen.

In Usbekistan war ich mit einem Freund namens Martin Sonneborn, der einen ausgewachsenen Elefanten kaufen wollte, kein Wort gelogen, ich musste ihm sogar auf ein Stück Papier einen Dickhäuter malen, damit er, dessen Russisch als Verständigungssprache für diesen Wunsch zu mager war, damit sein Anliegen flankieren konnte. Mal was anderes als die üblichen Drogen, Waffen oder Oregano. Einmal wollte ein Tatar (benannt nach den in Europa brandschatzenden und plündernden Sturmtruppen des Dschingis Khan – *die aus der Hölle kommen,* von griech. Tartaros) ihm ein Telefon andrehen, weil Telefon und Elefant so ähnlich klingen. Natürlich ist er telefon- und elefantenlos wieder nachhause gefahren, und ich ohne ihn nach Samarkand, wo ich auf dem herrlichen Bazar 14 Mausefallen erwarb, aus einer alten, abblätternden grünen Tür gesägt, den Genickbruchmechanismus mit Drahtklammern grob zurecht gebogen, 14 wunderschöne Objekte, ich kaufte den ganzen Stand leer, unter den scheelen Blicken des benachbarten Glühbirnenhändlers.

Davon, hier in Usbekistan herumzugondeln, riet mir ein Chirurg ab, nämlich jener Künstler, der mir keine Woche vor Antritt der Reise aus meiner rechten Handinnenfläche eine *Dupuytrensche Kontraktur* herausgeschnitzt hatte, in einer vierstündigen Operation in der Krankenanstalt Rudolfstiftung, die Hand war frischgenäht mit 44 Stichen, die Fäden noch drin, ich war dick bandagiert und sollte den Verband immer wieder wechseln. Wie soll das gehen?, fragte er, Sie werden sich infizieren, wird schon irgendwie gehen, außerdem war Sonneborn in seiner Zivildienstzeit Krankenpfleger, der wird doch noch rudimentäres Basiswissen haben. Leider erwies er sich als wenig nützlich, ihm wurde

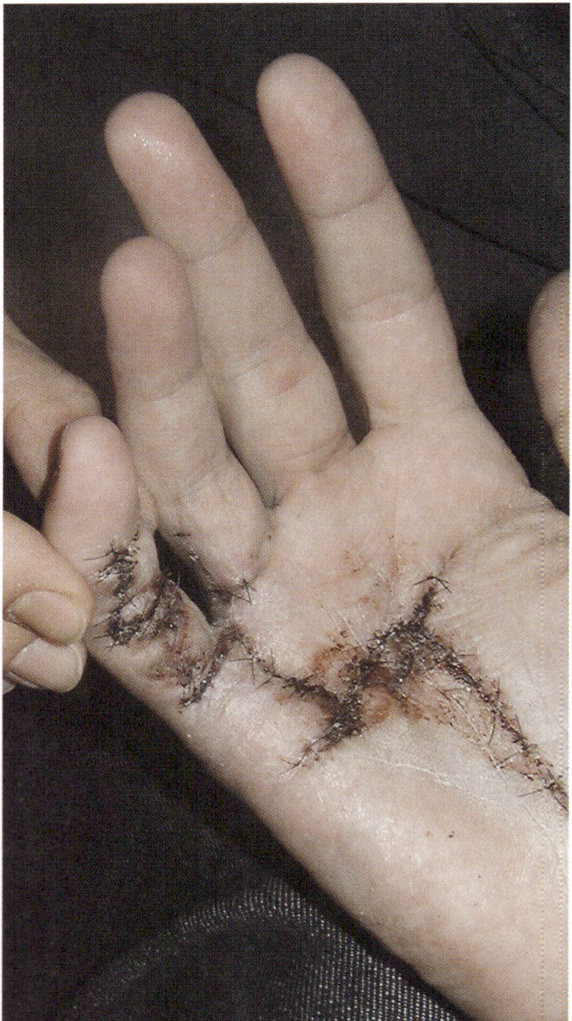

Zeig mir deine Kontraktur

von dieser aristokratisch klingenden Riesennarbe schlecht (taucht das übrigens an der Fußsohle auf, nennt man es *Morbus Ledderhose*, gleich etwas weniger aristokratisch), so musste ich mich in Apotheken immer wieder neu wickeln lassen, einmal brachte die verunsicherte Apothekengehilfin die Narbensalbe mit der Klickseite eines Kugelschreibers auf, zumindest löste die Verletzung nicht Mitleid, sondern Respekt aus, denn immer, wenn nassforsche Jungmänner fragten, was ich mir getan hätte, lüpfte ich den Verband und versuchte zu erklären, dass mich wer mit einem Messer attackiert hätte, ich aber die Klinge zu greifen bekam, sie nicht mehr losließ und so die Angreifer einschüchtern konnte und verzagen ließ.

Die auf dem Markt in Samarkand erworbenen Mausefallen zeigte ich Vincenzo im vollgequetschten Bus zurück in die Hauptstadt Taschkent, nachdem er mir *seine* uninteressante Geschichte erzählt hatte. Ich fragte ihn, warum er denn so viel Gepäck bei sich hätte, gleich zwei Riesenrucksäcke. Seine Reise sei eine Art Diplomarbeit in Publizistik, dessen Konzept sei, dass er von Italien nach Australien, genauer von Milano nach Melbourne, reise, nur auf dem Land- bzw. Wasserweg, dafür das ganze Gepäck, außerdem hätte er 16 Lonely Planets dabei, die bekannten Reiseführer für Doofe, für jedes zu querende Land einen, der Arme. Bis Weihnachten wollte er in Melbourne sein, vermutlich nur aus Stabreimgründen, Mi-Me, eine zwingende Logik konnte er mir nicht plausibel machen, er tat sehr ernst, fühlte sich vermutlich wie ein Pionier, ich hab schon gemerkt, der Junge wird es nicht schaffen, denn es war bereits Ende Oktober, er war verhältnismäßig lang schon unterwegs. Immer wenn sich die Gelegenheit bot, frischte er in ranzigen Internetstuben sein Reiseweblog auf („Uno studente. Un grande sogno. Da Milano a Melbourne per 4 mesi on the road, da Settembre a Dicembre 2002“) mit aktuellen Berichten und eitlen Fotos (wofür er immer seine Brille ab- und einen ganz besonders törichten, leidenden Gesichtsausdruck aufsetzte), geringfügig wollte er sich wohl Marco Polo nahe und überlegen fühlen (wegen Internet), auf der Startseite prangt er dann auch im Profil über einer historischen Karte, der Weltenentdecker. Als ich ihm meine Beute zeigte, fragte er, was das sei, Mausefallen, sagte ich, ob er so was noch nie gesehen hätte? Doch, schon, er lächelte gequält und wollte wissen, ob es in Österreich denn so viele Mäuse gäbe? Um ihn zu beruhigen und nicht weiter zu verunsichern, sagte ich ja und fragte, ob er nicht wisse, dass Österreich schwer unter einer Mäuseplage zu leiden habe, wie der schwarze Mann andernorts unter Heuschreckenschwärmen litte; ich verkniff mir das sich eher noch aufdrängende Bild der krakeelenden Horden von italienischen Touristen in Wien zu Ostern, die alles blockieren, mit purer Dummheit und Unselbstständigkeit. Als wir nach sechs Stunden in Taschkent ankamen, war es stockfinster auf dem Busbahnhof, ich schnappte mir ein Taxi, um mich zum Hotel bringen zu lassen, wo ich vorher schon mit Sonneborn abgestiegen war, er torkelte in dusterer Nacht mit seinen zwei Rucksäcken (den einen auf den Rücken, den anderen vor den Bauch geschnallt, über den das kahle

Köpfchen eben gerade noch rausschauen konnte, einer Schildkröte nicht unähnlich) in eine Billigbleibe, von der er in einem seiner 16 Reiseführer gelesen hatte, aber nicht wusste, wie er hinkommt, und auch nicht zu fragen imstande gewesen ist, weil dem gemeinen Italiener die Fremdsprache nicht eben eigen ist. Viel Glück, mein Freund.

Als ich dann wieder in Wien war, verfolgte ich in seinem Weblog (www.milano-melbourne.it) den weiteren Verlauf seiner Reise, die, wie vermutet, nicht komplettiert wurde. In Indonesien waren gerade ein paar Bomben hochgegangen, das nahm er zum Anlass, sich in einer schäbigen Absteige per Selbstauslöser und in Rodin'scher Denkerpose zu fotografieren, mit einem riesigen T-Shirt angetan, das er gekauft hatte, von schnellen Terrorprofiteuren, das Textil hatte er so drapiert, dass die Aufschrift gut lesbar war, „Bali Cry" stand da. In dem dazugehörigen Blog-Text war sinngemäß zu lesen, dass es für ihn in einer Welt voller Gewalt und Terror sinnlos sei weiterzureisen. In Wirklichkeit hatte er die Hosen gestrichen voll und wollte Heim zur Mama, denn Weihnachten stand vor der Tür, mit all dem guten Essen in der warmen Stube, wo er sich feiern lassen konnte als Draufgänger in Marco-Polo'scher Tradition, die Bombe kam ihm gerade recht. Es kommt noch dazu, dass kritische Historiker berechtigte Zweifel an Polos Chinareise hegen, Vincenzo hingegen war dort, steht alles in seinem Blog. Am Ende seines Resümees bedankte er sich noch, wie er es von seinen Eminem-CDs kannte, bei einer Reihe von Leuten, denen er auf seiner gescheiterten Reise begegnet war, unter anderem auch bei mir, ich hätte ihn zum Lachen gebracht mit meinen Mausefallen *(trappole per topi)*, die aber *er* mir erst erklären musste! Na egal, Vince, wie er sich nannte (klingt internationaler), wird schon wissen, was kompensationstechnisch am wirkungsvollsten für sein Selbstwertgefühl ist. Mich nennt er eigenartigerweise Luke („Luke [AUSTRIA] per avermi fatto ridere ininterrottamente quando ho scoperto che aveva comprato 14 trappole per topi in Uzbekistan solo perché erano inusuali per un austriaco"), was mich doch ein bisschen kränkt, denn wer will schon gerne lauwarm genannt werden.

Das Ende *meiner* Reise vollzog sich dann dergestalt, dass ich als allerletzter Passagier zum Flugzeug kam, weil ich all die Pass-, Zoll- und eine Reihe weiterer Willkürschleusen unterschätzt hatte, ein Grund, warum ich immer nur Handgepäck bei mir habe, ich reise grundsätzlich „leicht", also immer nur mit einem Plastiksack, lange Schlangen am Check-in-Schalter bleiben einem so erspart. Man begutachtete mehrfach die Mausefallen eingehend, stellte auch ein paar Fragen dazu, die ich immer nur eilfertig mit „Da, da" (ja, ja) beantwortete, und „Souvenir, Souvenir" (wertlos, wertlos) worauf man mich durchwinkte, mit dem gedachten „Was für ein Spinner". So auch nach der letzten Röntgenschleuse, nur dass ich, der ich dem aufheulenden Flugzeug schon entgegenstob, dann noch von einer Art Dolph Lundgren zurückgepfiffen wurde, der die Fallen konfiszieren musste, jedes unterwürfige Betteln und flehentlich vorgebrachte Souvenirargument ließ ihn nur noch misstrauischer werden, kalt seine Macht demonstrieren, und in seinem

Spatzenhirn das Szenario von dem Irren, der ein Flugzeug mit 14 Mausefallen entführt, entstehen. Naja, zumindest gleichwertig mit der Vorstellung vom usbekischen Elefanten als Handgepäck, den ununterbrochen schnatternden Italienern, die das Flugzeug mit ihrem Redeschwall antreiben statt mit Kerosin, und der schwachen Benotung, die Vince für seinen selbstgefälligen und gescheiterten Reisebericht kassierte, alles Bilder, die vor meinem geistigen Auge entstanden, um mich über den Verlust der Fallen zu trösten. ‹

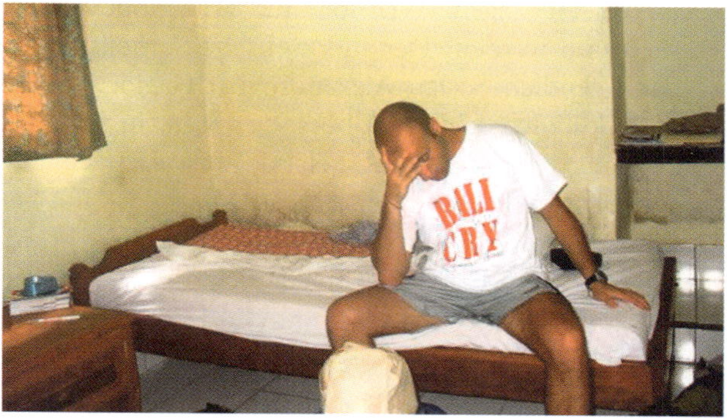

QURULIHÜTE

Tokio im September. Im schwülen Gestrüpp beginnen kurz nach Einbruch der Dunkelheit die Zikadendivisionen schmerzhaft schrille Töne mit ihren Beinen zu geigen, als ob sie böse Aufziehinsekten aus Blech wären, auf dem Flüsterasphalt hingegen schnurren die geräuschlosen Schachtelautos mit erstaunlichen Subnamen: Mitsubishi Vizy, Mazda Scrum, Nissan Otti und Honda Raum. Eine Frage bewegt das Volk schon seit Tagen: Wie soll mit Wakanoho weiter verfahren werden? Der südossetische Sumolegionär, der eigentlich Soslan Alexandrovich Gagloev heißt, hatte kürzlich seine Geldbörse verloren, in der sich dummerweise ein Joint befand, was dazu führte, dass er seine Kampflizenz loswurde und ihm nun bis zu sieben Jahre Haft drohen. Wakanoho bettelt um Vergebung und sagt, er schneide sich die Haare nicht mehr, das Zeichen seiner Zunft. Was ist die Alternative zum feisten Sexsymbol mit dicken Gagen? Zurück ins gebeutelte Südossetien als Pistazienpflücker oder Karussellbremser?

Quruli hingegen, die bekannte Popgruppe, kokettiert mit dem Verbot. Auf dem Startfoto ihrer Homepage sitzen sie schelmisch unter kessen Turbanen des Wiener Modisten Klaus Mühlbauer und wiegen das Haschpfeifchen in der Hand. Ich frage sie, was denn da drin sei. Luft, sagen sie lachend.

Quruli, das sind Shigeru Kishida, Masashi Sato und wechselnde Trommler. Sie sind Wienfans, letztes Jahr haben sie mit Produzent Patrick Pulsinger eine Platte aufgenommen, „Tanz Walzer“ heißt sie, die Titel haben Österreichbezug: „Heiligenstadt“, „Rennweg Waltz“, „Schinken“, eigenartigerweise auch „Bremen“.

Als sie in Wien waren, haben sie Mühlbauers Hutladen am Schwedenplatz entdeckt, ihn gestürmt und mit regelrechten Hutttürmen wieder verlassen. Die Platte wurde ein Riesenerfolg in Japan, und der Kontakt zu Mühlbauer ist nicht abgebrochen.

Gerade absolvierte er geduldig zwei zermürbende sogenannte Trunk-Shows in Tokio, die gehen über den ganzen Tag, er präsentiert „pro Stunde einen halben Hut“, wie er sagt, Trunk-Shows sind beliebt, weil der Produzent in direkten Kontakt mit Verkäufern und Kundschaft treten kann, das Ganze hat einen exklusiven Charakter, weil nur treue Kunden eingeladen und als Premiere neue Modelle präsentiert werden. Dafür ist er auch ohne weiteres bis zu zwölf Stunden auf den Beinen, vermisst Köpfe und berät zögerliche Kunden. Japaner hätten größere Köpfe und rundere als wir, erklärt er, japanische Hutmacher würden in der Regel runde Hüte *backen*, er hingegen ovale, und das wird auch ein Teil seines Erfolgs sein, denn eine ovale Form schmeichelt einem runden Kopf. Zur ersten Trunk-Show im Riesenkaufhaus Isetan im Stadtteil Shinjuku taucht plötzlich Hira Mikijiro auf, ein bekannter Schauspieler (spezialisiert auf Samurairollen), die vielen kleinen Verkäuferinnen beginnen zu tuscheln, er probiert eine Pelzmütze, einen Silberfuchs („Käfighaltung?“, frage ich, „ja, Käfighaltung“, sagt Mühlbauer, „aber artgerechter dänischer Käfig“), und kauft sie, genau das Gleiche ist ihm im letzten Jahr bei einer Trunk-Show im

Kaufhaus Harrods in London passiert, nur dass den Fuchs Meryl Streep gekauft hätte.

Über einen Hut wundere ich mich: Ist das echter Gepard? Ist das denn erlaubt, darf man die flinke Großkatze zum Hut verarbeiten? Nein, sagt Mühlbauer, das ist eine gefärbte und bedruckte Ziege, aha, viele Kunden wollen den Hut aber nur streicheln.

Am Abend gehen wir zu einem Quruli-Konzert. Das Konzert, das im Rahmen eines Festivals namens „School of Lock“ stattfindet, beginnt Punkt 18 Uhr und dauert, wie angekündigt, exakt vierzig Minuten. Die Besucher, immerhin so an die 3000, stehen wie Soldaten auf dem Kasernenhof, dicht an dicht, und wiegen sich zur Melodie, beim Refrain werden die Arme hochgerissen, und plötzlich wird aus der Armee ein Weizenfeld.

Ich frage später Qurulis Manager Nao im Backstagebereich, ob der Titel des Festivals ein koketter Hinweis auf den L-R-Verwechslungsdefekt der Japaner sei, er erklärt, dass mit Lock das Schloss gemeint ist und das Ganze eine Kampagne sei, die dafür eintritt, dass die Ferien endlich aufhören mögen. Die Bandmitglieder entschuldigen sich überdramatisch (angedeutetes Tränenabwischen) bei Mühlbauer dafür, dass sie auf der Bühne keine Hüte getragen hätten, immerhin liegt auf einer Art Feldbett eine nicht eben kleine Kollektion Strohmelonen. Mühlbauer fragt, wo denn die Groupies seien, sie deuten auf den dicken hässlichen Drummer, der umringt ist von puppenhaften Mädchen, da gingen sie hin, sie selbst bekämen keine ab. Beide Qurulis sind stark erkältet, und das bei schwülen Backofentemperaturen, sozusagen als Medizin rauchen sie Marlboro Black Menthol, eine neue Marke, extra stark. In Japan wird in Lokalen noch kräftig gequalmt, nur auf der Straße ist es verboten, überall Verbotsschilder, auch auf die Gehsteige gemalt, und vereinzelt an ungemütlichen Ecken tonnenförmige Aschenbecher, um die sich die Raucher wie verängstigte Rehe gruppieren.

Die nächste Trunk-Show findet im winzigen Brillengeschäft Global Specs in Shibuya statt, auch sie dauert zwölf Stunden, man kommt nur mit Einladung rein, Quruli sind Ehrengäste, der Verkauf brummt, keiner verlässt den Laden ohne Hut, „es raschelt in der Kasse", wie mir Mühlbauer zufrieden zuraunt, sie setzen die eben gekauften Hüte gleich auf, das hat was von einer Geheimloge, und den obersten Logenbruder, Klaus Mühlbauer, kann man daran erkennen, dass an seinem Hut ein Etikett baumelt. Ein Imbiss wird gereicht, Basashi, rohes Pferdefleischsashimi, und tausendjährige Wachteleier, also schwarz gelierte. Norbert Kettner, der smarte Chef von Wien Tourismus, das erste Mal in Tokio, ist begeistert. Er ist hier, weil der Chef seiner Tokio-Dependence in Pension geht und sein Nachfolger, Michael Strasser, eingeführt werden soll. Er lädt uns ein, am nächsten Tag mitzugehen. Das Ganze findet in der österreichischen Botschaft statt, einem atemberaubenden Gebäude, im Stil dieser Space-Age-Villen von John Lautner in Los Angeles. Die Botschafterin, Ihre Exzellenz Frau Dr. Jutta Stefan Bastl, sieht fantastisch aus, wie die junge Schwester von Doris Lessing, sie passt perfekt ins Gebäude, eine mondäne KGB-Agentin, man würde sich nicht wundern, wenn aus ihren

Schuhspitzen kleine Messer schnappen würden, wie bei Lotte Lenya in „Liebesgrüße aus Moskau", ich finde es begrüßenswert, sage ich ihr, dass, wenn schon Männer Klaus Maria heißen, Frauen auch Jutta Stefan heißen, sie lacht keckernd und meint, sie hätte sich den Stefan nur von ihrem Gatten geborgt. Der versucht unterdessen einen Witz zu machen, er schlägt Mühlbauer vor, das nächste Mal extragroße Hüte mitzubringen. Warum? Für ihre kugelig rundgestutzten Zierbäume im Garten. Tja, man kann nicht alles haben, eine tolle, erfolgreiche Frau und Humor. Im Garten beginnen die Zikaden wieder Krach zu machen. Zeit zu gehen. ‹

Klaus Mühlbauer und Quruli

GERECHTIGKEIT FÜR SERBIEN

Das Ganze hat natürlich etwas von Weihnachten oder einem erhitzten, aufgekratzten Pfadfinderlager. Die Stadt befeuert das auch noch, überall sind Public-Viewing-Plätze aufgebaut worden, singende Schulchöre ziehen durch die Straßen und in den buntbeflaggten und -malten Straßenbahnzügen wird ohrenbetäubend laut Udo Jürgens gespielt, das muss man sich mal vorstellen, mitten in Helsinki: „Schau nach vorn, nicht zurück, zwingen kann man kein Glück, denn kein Meer ist so wild wie die Liebe allein", und dann diese geheimnisvolle Obertonstelle auf der zweiten Silbe von Liebe, die ja nur ganz wenige hören können (eigentlich nur Mongolen, Fledermäuse und ich), man könnte heulen vor Glück, vorm Straßenbahnfenster segelt eine Möwe vorbei, im Schnabel transportiert sie einen Teebeutel.

Warum müssen Finnen in allem, was sie machen, nur immer so übertreiben? Sie freuten sich wie die Kinder, als sie dieses voluminöse TV-Möbel Eurovision Song Contest 2006 in Athen mit dem schauderhaften Rockclown Lordi nach Finnland holen konnten, so, als würden sie immer noch die unbeachteten und belachten Irren Europas sein. Das stimmt doch alles gar nicht mehr, alle lieben Finnland, es ist doch schon längst wissenschaftlich erwiesen, dass sie nicht nur die klügsten Schüler, sondern auch die kreativsten Kreativen haben, weltweit. Wenn eine Gummistiefel- und Klopapierfirma wie Nokia eines schönen Tages beschließt, auch noch Telefone zu bauen, da hat sich doch wirklich mal jemand Gedanken gemacht, das sind Gehirnkapriolen, die ein Land wirtschaftlich und kulturell nach vorne bringen.

Blutknäckebrot, Teershampoo, Schlammfußball, Erbsenweitwurf, Weinpulver, nackt auf einem Ameisenhaufen sitzen, in der damaligen Ausgabe der finnischen Mickey Mouse (Aku Ankka) wird das lesende Kleinkind sogar an den Song-Contest und Lordi (Musiikin Monsterit) herangeführt, Lordis Sieg 2006 hat die Finnen so euphorisiert, dass es zu spontanen Großkundgebungen vor der Fischhalle und dem Parlament kam, hunderttausend Enthemmte sangen sich mit „Hard Rock Hallelujah“ in Rage. Lordi ist neben Sibelius nach wie vor *die* musikalische Visitenkarte des Landes. Keinem Volk sind offenbar Dogmen so wohltuend fremd wie den Finnen. Selbst Säuglinge und Greise tragen Lordi-T-Shirts, allerdings auch nur die.

Im Pressezentrum summen schätzungsweise 700 Computer, und immer wieder ein lustiges anachronistisches Klingeln, es stammt von Vasyl Myroshnychenko, der blinde Georgier schreibt auf seiner Brailleschreibmaschine auf seinem Schoß einen Bericht für eine Blindenpostille seines Landes, die Maschine hat nur sieben Tasten, man drückt immer zwei Tasten gleichzeitig in verschiedenen Kombinationen um alle 32 Buchstaben zu stanzen. Myroshnychenko flucht während des Semifinales über den singenden Bäcker Bobo (René Baumann), der die Schweiz vertritt und in Japan DJ Muschi

Eurobraille

heißt, mageres Lied, dünnes Stimmchen, er sieht Gott sei Dank nicht dessen biedere Reihenhausvisage, die versucht, böse auszusehen, dabei ähnelt er eher einem Frosch, Bobo wird den Einzug ins Finale nicht schaffen, ebenso wie Österreichs Eric Papilaya nicht, ein Beitrag, der hier einhellig abgelehnt wird, zu anbiedernd an die großteils schwule Klientel. Riesengroßer Jubel hingegen bei Marija Šerifović aus Serbien, ihre bombastische Hymne („Molitva"), die sparsame Choreografie dazu, bringt den ganzen Saal zum kollektiven Heulen und Mitwimmern, hinter der kleinen, klobig-bebrillten Lesbe stehen fünf Walküren, sie wie ein verzweifeltes Rumpelstilzchen in Schutz nehmend, sanft umwehend wie Schilfrohr, so wie von Christoph Marthaler inszeniert, da ist er wieder, der Geist der großen

Zeit des Song-Contests der Sechziger-, Siebzigerjahre, Vicky Leandros, Severine, Toto Cotuno, diese komprimierten Miniopern, Szenen wie diese sind es, die den Song-Contest wieder zu dem machen, was er einmal war, was er sein soll und weswegen er so beliebt ist, weswegen die Pet Shop Boys beispielsweise niemals Konzerte geben Mitte Mai, Morrissey und Jarvis Cocker ernsthaft ihre Teilnahmen erwogen haben. Auch Scherzkekse wie der Kabarettclown Alf Poier (Teilnahme 2003), die natürlich noch nie den Contest und sein Wesen verstanden haben und verstehen werden und ihn wie ein renitentes Kleinkind nur kaputtmachen wollen, können hier natürlich nichts ausrichten, am Ende siegt immer die Gerechtigkeit, die ausladende, grenzüberschreitende Geste.

Der sympathische Andi Knoll, der hier für die österreichische Staatsradiostation Ö3 den Livekommentar macht, sieht das auch so, sagt, man könne den Song-Contest kritisieren, aber solle bitteschön auch die Leistungen dahinter erkennen, nicht wie die Radiokabarettisten Stermann und Grissemann zwanzig Jahre es im Radio gemacht hätten, immer nur Häme und Gülle, so ginge es nicht, pikanterweise wollten sie selbst mal antreten, sind aber in der nationalen Vorausscheidung gescheitert, Stermann wollte sich, so wie George Michael, „slave“ auf die Wange schreiben. Er war aber wieder wie üblich betrunken, am Ende stand mit Kajal auf seiner Wange „Slawe“. Und keiner hat gelacht. Knoll sieht auch mit mildem Spott, was Eric Papilaya alles falsch gemacht hat, auch er hat in einer der wenigen freien Minuten, die ihm blieben, heimlich per SMS für Serbien gevotet.

Georg Uecker hingegen, ein abgehalfterter deutscher Schauspieler, er spielt in der Endlosserie „Lindenstraße“ einen schwulen Assistenzarzt namens Carsten Flöter, schimpft auf den serbischen Beitrag, meint, wenn die kleine Lesbe für Serbien den Song-Contest gewänne, müsse Peter Handke nächstes Jahr für Österreich starten, Uecker-Flöter findet das lustig, dabei will er nur damit angeben, dass er die Stichworte Serbien und Handke richtig zuordnen kann, Rumgemeine auf unterstem Niveau, der Schauspieler sieht auch irgendwie komisch verzerrt aus, ein riesengroßer, glühbirnenartiger Kopf ist auf einen spindeldürren Körper montiert, an dem winzig kleine Füßchen und zwei hypermotorisch an allem nestelnde Puppenhände baumeln, die rätselhafterweise auch noch ganz schmutzig sind. Er sitzt wie ein Hündchen auf dem Fußboden, neben dem Tisch von Jan Feddersen, dem Hohepriester der deutschen Song-Contest-Gemeinde, dieser schreibt für die *taz* sowie vor, während und nach dem Wettbewerb täglich einen begleitenden Weblog, der von Mal zu Mal immer länger, immer dogmatischer und dramatischer wird, Durchhalteparolen und Milchmädchenrechnungen wie in Stalingrad. Feddersen, der seit dreißig Jahren für die Bürgerrechtsbewegung der Homosexuellen arbeitet und außerdem Mitgründer der Initiative „Queer Nations“ ist, referiert in einem dieser Pamphlete etwa über die Schwuppe. Wer nicht so genderfirm, stattdessen eher ichthyologisch bewandert ist, grübelt bei der Lektüre kurz, eher er sich zusammenreimt, dass Feddersen wohl doch eher nicht von dem auch Spitzpleinze genannten („ökonomisch uninteressanten", Wikipedia) Fisch spricht. Eine Schwuppe ist offenbar das Synonym für jene Neigungsgruppe, die sich für den Song-Contest interessiert und engagiert und dadurch in den Genuss einer speziellen Fanakkreditierung kommt – wohl der einmalige Fall, dass eine sexuelle Ausrichtungsminderheit weder benachteiligt noch gleichgestellt, sondern sogar bevorzugt wird. Feddersen, der Spezialist, weiß auch klischeevermeidende Unterschiede zwischen homo- und heterosexuellem Fangebaren aufzuzeigen. Ersteres ist friedlich, bei Zweiterem „verkloppt und bedroht man sich üblicherweise mit Faustringen und abgebrochenen Bierflaschen". Eine Ausnahme gibt es allerdings: Die bulgarischen Schwuppen, 380, würden sich, so prophezeit der Hohepriester, kurz vorm Contest um dreißig Promo-CDs prügeln und dabei aussehen wie Oliver Kahn.

Mit meiner Fotografin Malin Slotte, einer bleichen Reporterin, die für die schwedischsprechende Minderheit in Finnland im *Hufvudstadbladet* (Hauptstadtblatt) die Berichterstattung übernommen hat, bin ich oft einer Meinung, sie fragt zum ausgeschiedenen israelischen Beitrag (Die Teebeutel): „Är det här musik?" Das soll Musik sein? Und in der Tat, ein Akkordeonspieler, der Pfeife raucht und dazu aufruft, natürlich ironisch, irgendeinen Knopf zu drücken („Poooosh the button"), selbst die anwesenden israelischen Reporter verdrücken sich peinlich berührt und kopfschüttelnd in den Barbereich, um ihren Kummer mit einem Dünnbier (Keskiolut) fortzuspülen. Wann wird endlich mal qua Uno-Resolution weltweit Ironie verboten?

Am Ende, im Finale, hat dann doch die Gerechtigkeit gesiegt, das ist immer diese elende Wackelpartie, die zwölftausend schwulen Berichterstatter im Pressezentrum sind nahe am Kreislaufkollaps, der Reporter der *Kleinen Zeitung* aus Graz raucht zwei Zigaretten gleichzeitig, verdient gewinnt die kleine, dicke Marja Šerifović, es hätte bei der besonders sinnlosen Pressekonferenz, während der die serbische Siegerin, offenbar um das homophobe Klima ihres Landes nicht noch anzuheizen, kundtat, dass sie demnächst beabsichtige, einen Mann zu heiraten, nur noch gefehlt, dass Monsterrocker Lordi aufgetaucht wäre und verlautbart hätte, dass er ihr den Antrag gemacht habe. „Lordi macht Lesbe den Hof", ich sehe die Schlagzeile vor mir.

Fünfzigtausend Menschen sind unterdessen auf dem Platz vor der orthodoxen Kirche bei einer von fünf Public-Viewing-Plätzen versammelt, es kreisen Flaschen mit ätzendem Salmiakwodka, das ist eine neue Geschmacksrichtung hier, also ein Schnaps, mit dem man praktischerweise auch gleich das Klo putzen kann, in das man gerade gekotzt hat, und giftgrüne Estragonlimonade namens „Turhaan" (Vergebung) für die Kleinen, zu essen gibt's estnischen Käse, der „Hiirte Juust" heißt, also Mäusekäse, offenbar Käse, der in erster Linie für Fallen produziert wird.

Tags darauf verlieren die Finnen knapp das Finalspiel um die Weltmeisterschaft im Eishockey gegen Kanada, ein Umstand, der, wenn er positiv für die finnische Mannschaft ausgegangen wäre, dafür gesorgt hätte, so der Soziologe und Waldschrat M.A. Numminen, dass in der Stadt buchstäblich eine Bombe explodiert wäre, da die Finnen aber knapp verlieren, wird lediglich ein riesiges Pappmachéhuhn durch die Stadt geschoben, auf einem umgestülpten hellgrünen Eimer sitzt ein kleines blindes Mädchen mit weißblonden Zöpfen und spielt auf einem riesengroßen Akkordeon „Hard Rock Hallelujah“ in einer Tangoversion.

Und für diesen und jeden anderen Morgen danach, wenn wirklich alles vorbei ist, gibt's jetzt in den Läden eine einzelne Salzgurke im Glas, „Good Morning“ heißt sie. Tja, den Seinen gibt's der Herr im Schlafanzug. Am nächsten Morgen dann eine SMS von Redakteur, Bachmannjuror und Schlagerfeind Klaus Nüchtern, dem ich zuvor freundlich zu verstehen gegeben habe, dass er das ganze Unternehmen Song-Contest nicht verstünde: „Das ist immer deine Immunisierungsstrategie, wenn du Scheiße aus deiner kindischen und total anachronistischen Camp-Haltung hochjazzen willst.“

Und da wundert man sich, dass es Kriege gibt. ‹

IM BANNE DER VUVUZELA

Im Flieger auf die Färöer sitzt neben mir Franz Rosenbauch, er ist Koch in Ebreichsdorf, mit seinem Bruder Karl betreibt er die Wirtschaft Rosenbauchs („Die Rosenbäuche“ war ihnen wohl zu schwul), er überreicht mir eine abgegrabbelte Visitenkarte. Seit 13 Jahren kocht er auch für die österreichische Fußballnationalmannschaft. Rosenbauch geht es nicht gut, er ist blass, zuerst denke ich, er hat Flugangst, Flüge auf die Färöer gelten gemeinhin als die schwierigsten der Welt, Nebel, Sturm, kurze Buckelpiste auf der winzigen Insel Vagar, viele Widrigkeiten, die eine Landung zur Qual machen können, aber es plagt ihn eine fürchterliche Darmgrippe, sie treibt ihm den Angstschweiß ins bleiche Antlitz, die Sorge, die Spieler anzustecken und so das Spiel zu gefährden, alle zehn Minuten wird einer vom Platz gestellt, weil er aufs Klo muss, sie hätten buchstäblich die Hosen voll. Rosenbauch schleppt fünfzig Kilogramm Essen mit sich, Mehl, Puddingpulver, Zucker, Nudeln, Trockeneier, Kartoffelbreipulver, man könnte meinen, er rüste sich für einen längeren Aufenthalt auf einer einsamen Insel. Ich verstehe ja, wenn sich die sensiblen Herren Fußballer zieren würden, die hier üblichen Spezereien anzurühren, in Salzwasser gekochte Schafsköpfe, Klippfisch, Walblubber und mit Kuchenteig gestopfte und zugenähte Papageientaucher, aber warum muss er Mehl mitnehmen? Misstraut er färöischem Mehl?

Kann denn Mehl woanders so anders sein? Er schüttelt den Kopf, er hätte einfach keine Zeit, vor Ort die Angebote und Inhaltsstoffe zu studieren, da nimmt er lieber das mit, was er kennt.

Die Landung ist vollkommen problemlos, es regnet waagerecht. Die Gegend kahl, auf den Wiesen stehen nasse Schafe im Regen und fressen nasses Gras. Was für ein Leben. Je näher man der Hauptstadt Torshavn kommt, desto mehr Bäume sieht man paradoxerweise, so, als böte der urbane Raum den verzagten Bäumen mehr Sicherheit und Schutz, etwas, für das es für sie „da draußen" keine Gewähr mehr gibt, der Baum als Kulturfolger, groteske Volten der Evolution.

Am nächsten Tag wird es so stürmisch, dass es selbst die Farbe der Zebrastreifen und Randmarkierungen von den Straßen weht, was den Spaßvogel Christian Hackl, Sportredakteur des *Standard*, kurz vor der Pressekonferenz dazu veranlasst, schnippisch zu werden: „Der Nationalsport da ist Federball", was naturgemäß von seinen Kollegen mit polterndem Gelächter quittiert wird. Das Schnippische ist auch der österreichischen Nationalmannschaft eigen und schon vor 18 Jahren zum Verhängnis geworden, als es zum ersten und bisher einzigen Aufeinandertreffen mit den Färingern kam. Toni Polster höhnte, man werde sie mit 10:0 „in die Tasche stecken", und amüsierte sich über die lustige Pudelmütze des Tormanns Jens Martin Knudsen. Nur haben Sporthosen keine Taschen, und was dann passierte, ist hinlänglich bekannt, das ist irreversible Geschichte, schmachvoll für die einen, für die anderen triumphal, der Torwart hielt

Stormy weather

die wenigen saftlosen Schüsse der Österreicher im sprichwörtlichen Schlaf. Torkil Nielsen, der hier wie ein Heiliger verehrt wird, der Holzhändler, obwohl es kein Holz auf den Inseln gibt, Holz muss er improvisieren, schoss das *Einsnull*, und das war's dann, Österreich hat sich selbst entmannt, Hickersberger, der damalige Trainer, nahm seinen Hut, er spricht jetzt davon, dass die einzige Alternative zum Hut gewesen wäre, sich gleich zu erschießen. Witze über Mützen verkniff man sich in der Folge.

Die Spieler der Färöer hatten damals ein vergleichsweise geringeres Problem, „wir wussten nicht mal, wie wir jubeln sollten", gesteht ihr damaliger Mannschaftskapitän Jóannes Jakobsen, es gab dieses Muster einfach nicht.

Jetzt hofft der Trainer Jogvan Martin Olsen in der Pressekonferenz, als jemand das schlechte Wetter beklagt, dass das Wetter *noch* schlechter werden möge, sie sind die widrigen Winde gewohnt, er erwähnt den „12 madur" (der zwölfte Mann), das Wetter als zwölften Spieler.

Karel Brückner, dieser große, einsame, augenscheinlich übersäuerte Mann, der Trainer der Mannschaft Österreichs, er erklärt müde die Taktik: „Kein langsames Abtasten, gleich Angriff, das Bollwerk ihrer Verteidigung zerstäuben", was für ein schönes Wort, zerstäuben, das machen Parfumfläschchen, und das angesichts des Oktoberorkans, der derzeit über die Färöer fegt, na, der Mann hat Nerven. „Sich auf das Unwetter rauszureden, wäre fatal." Aber was, wenn die Bälle stehenbleiben in der Luft, fragt einer. „Wir sehän unsarä Stärkä in där Luft", ein Satz voll irisierenden Zaubers, der an

Hermann Görings Maxime „Wir werden so viele Flugzeuge bauen, dass der Himmel schwarz ist und die Vögel zu Fuß gehen müssen“ erinnert. Er erzählt, dass er in seiner Zeit als tschechischer Spieler schon im ähnlich stürmischen Island Bälle ins Wasser hat davonwehen sehen, Keflavik, Stadion zu nah am Wasser gebaut.

Den silberhaarigen, eleganten Trainer haben sie in einen grotesk würdelosen Strampelanzug gesteckt, er schaut verbittert aus, er ringt nach Worten, obwohl sein Deutsch astrein ist.

Zumindest dem Koch geht's wieder etwas besser. Er hätte ihnen schon einen herrlichen Tafelspitz kredenzt, wie mir der kregele Peter Klinglmüller berichtet, er ist Pressesprecher des ÖFB und macht seinen Job fantastisch, wie eine Glucke kümmert er sich noch um den Geringsten hier, Klinglmüller trägt das Vintage-Kapuzenshirt seines Verbands, das heißt, dass die Nationalfarben und der Bundesadler genauso abgebröckelt sind wie die Zebrastreifen hier auf den Schafsinseln, das ist Mimikry in Reinkultur. Schulterzuckend verteilt er unterdessen eine Art Überlebenspaket, einen roten Regenumhang und einen Regenschirm der Marke Knirps, man merkt, dass das nicht seine Idee gewesen sein kann.

Unterdessen tritt heute beim Spiel wegen des starken Windes eine Ausnahmeregel der Fifa in Kraft: Beim Elfmeter darf ein Teamkollege den Ball mit der Hand festhalten, damit er nicht wegrollt. Aber bis kurz vor dem Anpfiff war es noch nicht einmal sicher, ob überhaupt gespielt werden würde, die slowenischen Schiedsrichter saßen samt dem „schönen Friedrich“, ÖFB-Präsident Stickler, in

Banges Hoffen, geblähte Blusen, Blechbläser

Kopenhagen fest, sturmbedingt konnten die Färöer nicht angeflogen werden.

Warum denn der Präsident der „schöne Friedrich“ genannt werde, frage ich einen mitgereisten BWL-Studenten, er wisse es nicht, aber alle würden ihn so nennen. Als ich einen anderen Fan frage, Typ ewiger Student, Pferdeschwanz, kariöses Gebiss, bestätigt er den Spitznamen feixend und sieht auf meinem Akkreditierungshalsband den Namen „Falter“, ein Umstand, den er auf seine Art zu kommentieren sich bemüßigt fühlt, weil ein paar Stunden vorher der Landeshauptmann von Kärnten bei einem Autounfall sozusagen die letzte Kurve genommen hatte: „Na, da seid ihr aber froh, dass der Haider jetzt weg ist, was?“, ich kann nur damit kontern, dass angesichts seiner Dentalruine Haider wenigstens seine Zähne besser gepflegt hätte.

Das Stadion füllt sich, die Fans rollen ihre mitgebrachten Transparente aus, bemalte Betttücher mit Botschaften für die Daheimgebliebenen („Hallo Mama"), im färöischen Sektor hat einer eine Vuvuzelatröte mitgebracht, eine unterarmlange Trompete aus Blech, ihr Klang ähnelt dem Trompeten eines Elefanten, nur lauter. Die Tröte ist erst kürzlich durch die Fifa außerhalb südafrikanischer Stadien erlaubt worden. Der Name *Vuvuzela* stammt aus dem Slang der Townships und heißt „jemanden in Musik duschen". Auf welch verschlungenen Pfaden mag das Instrument hierhergekommen sein? Sicher ist, dass das ein Wink gen WM 2010 in Südafrika ist, denn um die Qualifikation geht's ja hier: Hallo, Kapstadt, wir kommen!

„Der Affe wird durch viel Krach erlegt", heißt ein afrikanisches Sprichwort, und das könnte hier Motto sein, bräuchte es aber nicht, denn sie haben ja den Wind. In der ersten Hälfte spielen die Österreicher mit ihm und sind ganz klar überlegen, ihr Tormann steht 45 Minuten gelangweilt und frierend in seiner vollkommen verwaisten Hälfte, zweimal schaffen es Färinger bis kurz vor sein Tor, vor dem sie aber gleichsam ratlos mit dem Ball stehenbleiben, es bricht einem das Herz. Nach der Pause blasen die „Insel-Kicker" (Christian Hackl) zum Angriff, in Minute 47 gelingt Bogi Løkin der Führungstreffer, die Topsensation, die allerdings nur zwei Minuten währt, Stranzl erzielt den Ausgleich und kann eine Jahrhundertschmach abwenden. Kein weiteres Tor sollte in der Folge fallen, beide Treffer kleben aneinander wie zwei ängstliche Protonen, mühsam nährt sich das Eichhörnchen. Die Färinger bejubeln den einen Punkt, die Österreicher gehen hängenden Kopfes vom Platz, noch dazu hat ihre wirklich gute Leistung zuhause niemand mitbekommen, ein Sendemodul ist vom technischen ORF-Vertragspartner irgendwie „verlegt“ worden, man zeigte ein Standbild eines vollkommen anderen Platzes (das ist wirklich der beste Witz des Tages), Bildradio ist das, mit dem Kommentar des resignierten Clowns Adi Niederkorn, Klinglmüller ist verzweifelt. Der schöne Friedrich macht gute Miene zum Spiel, wenigstens ein Punkt, wenn man am Mittwoch gegen die „Balkan-Truppe“ (Christian Hackl, gemeint ist die Mannschaft Serbiens) siegt, wird er schon mal eine Ladung Vuvuzelas ordern. ‹

Hallo

DAS GEKACHELTE LAND

Pufferstaaten, also an große, dominante Staaten grenzende oder von solchen eingequetschte Länder, haben es ja eigentlich gut, müssten es gut haben, wenn sie sich nicht, wie die meisten, klein und minderwertig vorkommen, sich verspotten lassen oder schlimmstenfalls einfach erobert und versklavt werden.

Gut haben sie es, weil sie aus den Fehlern der großen, schwer zu manövrierenden Nachbarn lernen können, die guten Sachen erkennen und importieren oder besser gleich kopieren. Korea ist so ein Pufferstaat, eingeklemmt zwischen dem Brontosaurier China und der Riesenseegurke Japan, mehrfach schon von beiden unterworfen, aber immer stolzen Hauptes wiederauferstanden, weil zäh und widerstandsfähig, noch dazu mit einer äußerst reformfreudigen und liberalen Vergangenheit ausgestattet. Bereits im 15. Jahrhundert wurde zum Beispiel die komplizierte chinesische Bilderschrift durch ein phonetisches Alphabet namens Hangul ersetzt, dadurch wurde die Grundlage zur Verbesserung der Allgemeinbildung geschaffen. Nur kommt dem Gast, der die beiden großen Nachbarn kennt, vor, dass der Koreaner nur das schlechteste aus beiden Welten importiert hat.

Augenfällig ist aber, dass er in Essbesteckfragen eindeutig die Nase vorn hat, und zwar vor allen Asiaten, außer denjenigen, die mit den Fingern essen. In Korea kommen nämlich keine ökologisch bedenklichen Einwegstäbchen aus Holz zum Einsatz, sondern solche aus Metall, die beim Essen klickern wie Stricknadeln, und als solche kann man sie zur Not auch verwenden, falls einen im Wirtshaus der Wunsch nach einem Pullover übermannt. Für den ungeübten Stäbchenesser ist der Umgang mit Metall allerdings etwas gewöhnungsbedürftig, zumal Koreas Lieblingsspeise Kimchizige ist, eine höllisch scharfe Glasnudelsuppe, glatt und schlüpfrig, so wie die vielen grellgeschminkten und würdelos toupierten russischen Nutten mit den erloschenen Gesichtszügen, die mit ihren Stöckelschuhen auf den meist gekachelten, schneematschbedeckten Gehsteigen wie auf rohen Eiern tanzen bzw. nur amouröses Gehen *imitieren* können, was dann zur Persiflage gerinnt, zur mitleiderregenden.

Der koreanische Mann kommt ja in einigen Facetten, darunter auch die, die ihn nach zwei Lightbieren und beim gelösten After-Work-Karaokeing zum kompletten Obst werden lässt. Die Frage „Are you Russian?", die dann jeder blonden und unasiatisch aussehenden Frau gestellt wird, ist nicht nur auf unglaublich vielen Ebenen dämlich und beleidigend, sondern führt auch dazu, dass die Russinnen (und es sind nicht einmal wenige), die als Nichtnutten in Korea leben, es vorziehen, ihre Freizeit nicht mit den Einheimischen zu verbringen.

Sollte einem diese Frage gestellt werden, sollte man tunlichst nicht kontern mit „No, are you Japanese?". Das wäre eine Beleidigung, die den Koreaner sein Gesicht nie mehr wiederfinden lässt, es verästelt sich zur wundervollen Ratlosigkeit, also ähnlich bei der Gegenfrage hierorts: „Sind Sie aus Windischgarsten?“, nur weil mal jemand nach dem Weg fragt.

Was man als Europäer in Korea auch gern hört, ist der lustige Ruf: „Miguk saramieyo“. Das heißt so viel wie „Schaut, ein Ami!“. Auch hier niemals mit „Ilbon saram“ (ich bin Japaner) antworten, siehe oben, obwohl, vielleicht doch.

Und apropos kreativ kontern: Sollte einem die Kimchizige entgleiten, sage man unbedingt: „Oh no! This is the worst thing since the Seo Taiji Boys split up!“ Dazu muss man wissen, dass Boybandleader Seo Taiji in der ersten Hälfte der Neunziger in Korea eine Popularität genoss wie hierorts nur Falco, Opus und Ötzi, und zwar zusammen.

Es gibt wohl keine Nation der Welt, die derart begeistert ist von der eigenen Küche, die Italiener sind Waisenknaben dagegen, im Fernsehen gibt es einen eigenen, 24 Stunden sendenden Food-Channel, wo lebende Oktopusse in eine brodelnde Brühe geworfen werden, während die Zuschauermenge des achtarmigen Sympathlers Todeszuckungen johlend begleitet, was wiederum an die Spanier beim Stierkampf erinnert.

Einmal verschlingt der Hauptdarsteller Oh Daesu im sehenswerten koreanischen Film „Oldboy“ im Sushilokal eine lebende Krake. Westliche Kinozuschauer reagierten angesichts dieser Szene eher schockiert. Der Regisseur Park Chan-wook meint im Interview dazu: „Bei uns ist es nicht ungewöhnlich, dass man einen rohen Oktopus isst, nur halt nicht im Ganzen, sondern in kleine Stücke geschnitten und in scharfe Saucen getunkt. Ein koreanisches

Es muss nicht immer Kimchi sein: Raupenlarven

Publikum könnte ich mit dieser Szene nie schockieren, das lag auch nicht in meiner Absicht. Ich wollte nur drastisch zeigen, dass Oh Dae-su nach den vielen Jahren, die er allein in seiner Zelle verbringen musste, sehr große Lust auf etwas Lebendiges hat. Gleichzeitig ist das aber eine Metapher für alles, was noch folgen wird. Oh Dae-su will die Männer suchen, die er für sein Schicksal verantwortlich macht, um sie bei lebendigem Leib in Stücke zu reißen. Er beginnt eben mit dem Oktopus."

Auf dem Fischmarkt wird man dann überall Zeuge, wie es Aalen an den Kragen geht, man legt sie auf ein Brett, arretiert sie, indem man einen Nagel durch ihre Augen treibt, damit sie nicht nachhause oder sonst wohin zappeln, dann wird dem Burschen mit wenigen ökonomischen Schnitten das sprichwörtliche Fell über die sprichwörtlichen Ohren gezogen, er wird ausgenommen und anschließend mit einer Schere zerschnipselt. Und ehe man sichs versieht, noch ganz im gruseligen Banne dieses archaischen Rituals, wird einem auf dem Tischofen auf einer Alufolie als Pfannenersatz gebratener, Sekunden vorher tranchierter Aal serviert, die Teile tanzen verselbstständigt noch in der Schärfe der Sauce und auf der heißen Folie eine Restschmerz-Tarantella. Plötzlich bekommt man unerklärlicherweise rasende Kopfschmerzen, die aber weggehen, sobald man die zur finalen Ruhe gekommenen knorpeligen Aalsegmente vertilgt, nachdem man sie zuvor landestypisch in ein brennesselartiges Blatt gewickelt hat, das nach Pril schmeckt. Laben als Empathiekiller.

Und wenn man dann noch Appetit hat, ist es praktisch, dass der Zahnstocher, mit dem man nach dem Mahl nach Aalfasern in den Backenzähnen fischt, einer der Marke Green Starch Toothpick ist, also aus grüner Stärke, man sich also noch an ihnen *stärken* kann. Vermutlich gibt es irgendwo auf der Welt irgendein irregeleitetes bulimisches Girl, das gerade eine Zahnstocherdiät macht.

Eine andere kulinarische Köstlichkeit Koreas ist Bo shin tang, Hundefleischfondue, in dem rohe Fleischscheiben in einem Topf mit scharfgewürzter Brühe gegart werden. Wagt man es, dazu Befremden anzumelden, reagiert der Koreaner seinerseits befremdet angesichts unserer Sitte, Pferdefleisch zu essen. Brigitte Bardot bezeichnete gar alle Koreaner als „Barbaren", worauf der Kongressabgeordnete Hong-shin Kim einen offenen Brief an Bardot schrieb, in dem er wiederum all die Menschen als Barbaren bezeichnete, die keinen Sinn für kulturelle Unterschiede haben. Kim gibt in dem Brief außerdem zu bedenken, dass noch während der Olympischen Spiele 1968 in Tokio die US-amerikanische *Time* die Japaner als Barbaren bezeichnete, weil es dort, wie inzwischen auch in New York, London und St. Pölten an jeder Ecke, rohen Fisch zu essen gebe. Es ist allerdings nicht so, dass jeder Koreaner nun täglich einen halben Dackel verputzt, Hundefleisch ist eine relativ teure Spezialität, die fast ausschließlich in speziellen Restaurants serviert wird.

Das größte Problem bei Hundegerichten ist der Gestank, weswegen nur wenige Koreaner Hundefleisch zuhause zubereiten, dem nur mit einer

Lastwagenladung Gewürzen beizukommen ist. Weil aber fast alle koreanischen Ärzte ihren Patienten nach Knochenbrüchen und schweren Operationen Hundefleischverzehr zur schnelleren Rekonvaleszenz empfehlen, riecht es in koreanischen Krankenhäusern verstärkt nach Hundefleisch. Diese Art von komischen Theorien hört man allerdings in Korea häufiger. Dass zum Beispiel Kimchi die Koreaner immun gegen das Sars-Virus mache, und erst kürzlich hieß es, dass lange Haare bei Männern „negative Auswirkungen auf die Entwicklung der Intelligenz" haben, weil sie „eine Menge Nährstoffe verbrauchen", was dem Gehirn Energie entziehe; groteske Genialität oder angewandte Pataphysik eigentlich.

Hund sei außerdem gut gegen Tuberkulose, Frühjahrsmüdigkeit und Hitzeauszehrung, fördere die Virilität beim Manne und verhindere Mangelsymptome bei stillenden Frauen. (Und in Japan essen sie fetten Aal bei großer Hitze, weil das angeblich die Körpertemperatur senkt, also Haarsträubereien hüben wie drüben.)

Im Koreanischen werden Tafelhunde (Gu) schon rein verbal klar von Wach- und Spielhunden (Gyun) unterschieden. Noorung heißt die am weitesten verbreitete Rasse. Sie ist relativ groß und hat ein gelbes Fell, niemand käme auf die Idee, den eigenen Pudel in den Kochtopf zu werfen. Pudel geht es vermutlich in Korea viel schlechter als Tafelhunden, die liebevoll gemästet und mit Appetit gegessen werden.

Nicht herauszufinden war hingegen, ob es auch Dosenhund gibt, Hundefutter aus Hunden. Dackel für den Dackel. Oder Pudel für den Dobermann oder, andersrum, Pitbull für Zwergpinscher, als Rache des ewig von stärkeren Hunden gepeinigten Pinschers.

Aber das Schöne an unbeantworteten, in einer Warteschleife kreisenden Fragen ist doch, dass man sie immer noch irgendwann einmal stellen kann, die Neugier darf nicht aufhören.

Auf der Busfahrt zurück zum Flughafen Incheon dann, an unendlich vielen Plastikgewächshäusern vorbei (es scheint, dass die Hälfte des Landes mit diesen Kimchikohlkathedralen bedeckt ist) und über endlose, von der Tide zurückgesaugte Klärschlammsiele, in denen Reiher und Regenpfeifer stelzen und nach Schlickvieh und Meeresgemüse stochern, fällt einem auf, was Korea eigentlich noch so einzigartig macht, so besonders. Es sind die Farben. Die gekachelten koreanischen Städte gehören architektonisch zweifellos zu den scheußlichsten der Welt, Kreativität in diesem Punkt ist nicht existent und wohl auch nicht gefragt, aber angemalt sind die Häuser doch, die beliebtesten Farben sind hier Blau, Grün und Rot, aber ihnen ist das Knallige genommen, indem man ihnen irgendein Grau beigemischt hat, sodass die Farbigkeit eine komische stumpfe Fröhlichkeit bekommt, hoffnungsfrohe Resignation, wenn es so was für Farben gibt. Und das ist es, was dem Pufferland – neben dem Tafelhund und den Metallstäbchen – dann doch irgendeinen räudigen, wiewohl diskreten Charme verleiht.

Und die Schuhputzer natürlich, die gewissenhaftesten der Welt. Ihr Geheimnis: Mit einem Bunsenbrenner löten sie die Paste an den Schuh, dadurch bekommen die Treter einen eitlen, opernkompatiblen Lackglanz, mit dem man, wenn die Sonne tüchtig scheint, mühelos Mitmenschen mittels Blendung das Augenlicht rauben kann. ‹

Koreanisch tanken

BLASSE TAGE

Der Junge ist Finne, schätzungsweise vierzehn Jahre alt, ein Teint wie Hüttenkäse, vierzehn und Finne, Zweifel ausgeschlossen. Er ist hier am fraglos scheußlichsten Flughafen der Welt, in Wien-Schwechat, mit seiner Familie, Essenfassen vorm Abflug, denn sie wissen bereits: Die Nahrungsaufnahme bei Finnair sollte man auf die Getränke beschränken. Jeder stellt sich am Buffet ein Menü zusammen, der Junge entmannt sich in diesem Augenblick selbst, auf seinem Tablett eine Flasche Schlossgold alkoholfreies Bier und ein dicker, fetter, giftig rosafarbener Punschkrapfen. Als er zum Tisch kommt, verdreht seine zwei Jahre ältere Schwester voller Verachtung die Augen, seine Mutter lacht meckernd, und der Vater fragt, ob das sein Ernst sei. Die Henkersmahlzeit eines verwirrten Jünglings, in dem die Hormone zu keimen und zu toben beginnen. Sigmund Freud hätte bei diesem Beispiel versuchter und gescheiterter Mannwerdung vor Glück mit den Beinen gezappelt wie ein auf dem Rücken liegender Käfer.

Im Flugzeug dann die bereits bekannten Szenen bei den Sitznachbarn, man lässt das Essen aus und bestellt sich stattdessen gleichzeitig Bier, Wein und noch etwas Hartes, ein hübscher Chaos-Cocktail, man tut es den Finnen gleich, man möchte sich möglichst schnell assimilieren und in der Folge die daraus resultierende Gesprächigkeit nutzen. Man erfährt dann, was den Finnen an Österreich nervt, dass zum Beispiel im Restaurant Geld für

Salat bezahlt werden muss. Dafür herrscht in Finnland, kann der geübte Finnlandafficionado entgegenhalten, Garderobenzwang, was man also am Gratissalatbüffet spart, gibt man als Mantelgeld am Eingang aus. Dort, wie auch im Leben, gibt es immer einen Haken, nichts wird einem geschenkt, man ist erstaunt, was für Plattitüden in einem – wie Kopfläuse – nisten, aber dem Sitznachbarn geht es ebenso, und da hat man ja schon die ersten Gemeinsamkeiten entdeckt, neben der, was Finnland doch für ein großartiges und ganz besonderes Land sei, in das man immer wieder gerne fährt bzw. zurückkommt. Wie kann man ein Land nicht mögen, dessen Insassen verrückt nach Tango und Erbsen sind? Dass Finnland die größte Tangonation der Erde ist – weitaus manischer als in Argentinien wird dem Rhythmus hier gehuldigt –, das hat sich ja mittlerweile herumgesprochen, aber das mit den Erbsen ist vielleicht noch nicht so bekannt, vor allem, weil sich diese Passion im Gegensatz zum Tango schwerer exportieren lässt. Im Sommer isst man sie roh, riesige Schotenberge türmen sich an jedem Marktstand, wo nicht in Kilo abgerechnet wird, sondern in Liter. Kein Müll säumt die Straßenränder mehr als leere Erbsenschoten. Aber wo bleibt die Erbse im Winter? Beziehungsweise der Gusto nach ihr? Im Winter wandert der Geschmack in Form von Erbsenkraut in den Salat, was bei uns als essenzieller Bestandteil eines jeden Salats das hoffnungslose Tomatenachtel ist, sind bei ihnen ein paar Sprossen dieser drolligen Rankpflanze.

Auf dem Wochenmarkt in Helsinki stehen trotz grimmiger Minustemperaturen unverdrossen tapfer Gemüsehändler, um ein paar Liter Vitamine in der blassen Jahreszeit an den nicht minder blassen Mann zu bringen, es steht dort aber auch ein Zelt, in dem der dritten großen Leidenschaft nachgegangen wird, dem Kaffeetrinken. Finnen haben ja den höchsten Pro-Kopf-Verbrauch an Kaffee in der ganzen Welt. Am Eingang des Zeltes, gewissermaßen als haptisches Piktogramm, ein verbeulter Wasserkessel, und als weiteres Köderargument wird auf einer Tafel mit plus 18 Grad gelockt. Nach der Stärkung, aber natürlich auch, um aktiv den Pro-Kopf-Verbrauch mitzugestalten, mit wohltuend dünnem Kaffee aus dem obligaten Pappbecher, werden dann auf einer Wiedererkundung der Stadt erschreckende Veränderungen festgestellt. Das wunderschöne Restaurant Bulvardia existiert nicht mehr, das atemberaubend schlichte, bauhausartige Interior verschandelt mit ruralem Schnickschnack, in der schön-schäbigen Markthalle im Hietalahti-Hafen gibt's jetzt nur noch Trödel, keine Erbsen, nirgends. Aber die allergrößte Tragödie: Die große, traditionsreiche Tangohalle Maestro musste einer schnöden Disco namens Studio 54 mit arrogantem Türwächter (Vahtimestari) weichen. Auf die Frage, wo denn die ganze plüschige Inneneinrichtung geblieben sei, grinst er herablassend: „Alles weggeschmissen", und voll hämischem Stolz meint er, dass die Omas und Opas und grell geschminkten estnischen Nutten sich halt woanders etwas zum Tanzen und Anbandeln suchen sollen, jetzt seien *sie* am Drücker. Nicht bedenkend, dass das Studio 54, der legendäre New Yorker Namensgeber, auch schon Geschichte ist. Zumindest existiert die schäbige Trinkhalle KaФe Mockba um die Ecke noch, sie gehört den Gebrüdern Kaurismäki, wohltuender Breschnjew-Schick, und unter der Frischhalteglocke schwitzen immer noch die fingerdicken Wurstbrote, deretwegen der mittlerweile verstorbene Schauspieler Matti Pellonpää hier so gerne aß. Er lobte die exquisite Küche. Ein kleiner Altar in der Ecke gedenkt seiner.

Und auch im Ravintola Kivi, ehemals Ravintola Bertha (Ravintola heißt Restaurant), in der Kivinkatu, im proletarischen Viertel Kallio, ist noch alles beim Alten, schäbiges Rückzugsgebiet des Glücks, an der Wand wird auch hier einem Stammgast gehuldigt, Rauli Badding Somerjoki, dem vielleicht größten Musiktragöden des Landes, aufgewachsen im Somero, der Stadt, aus der auch der siebzigjährige Soziologe, Esperanto- und Wittgensteinforscher M.A. Numminen stammt, ein Musiker, der dadurch bekannt wurde, dass er Steuererklärungen und Grundbuchauszüge sang, nun ja, eher quiekte und krächzte, und es nach wie vor tut, verkleidet übrigens, wie könnte es anders sein, als Hase, zumindest beherrschte er in jenen Tagen, Ende der Sechzigerjahre, in Somero im Gegensatz zu Somerjoki ein Instrument, das Banjo. Zu ihm lief Somerjoki stets, wenn er eine Melodie geträumt hatte, er pfiff sie dann ohne Unterlass, um sie nicht zu verlieren, während er ins Haus des Freundes eilte oder im Bus fuhr, der das dann umsetzen musste. Einmal träumte er eine Melodie, die dann später „Valot“ (Lichter) heißen sollte, Numminen fasste sie in Noten. Sie nahmen das auf, aber nicht für sich, sondern für Elvis, den King, beide waren überzeugt davon, dass nur er es so bringen könne, wie sie sich das vorstellten. Sie schickten ein Tonband nach Memphis und hörten nie wieder etwas davon, Elvis hat vermutlich nicht einmal gewusst, wo oder gar *was* Finnland ist, stattdessen nahmen sie es enttäuscht mit Rauli als Sänger auf, und es wurde ein großer Hit im Land, leider nur dort, Rauli vertrug den Ruhm nicht, er hatte so ein riesengroßes Lampenfieber immer, trank dagegen an, eines Morgens fand ihn seine Mutter tot im Bett, im Alter von nicht einmal vierzig Jahren, er hatte seine letzte Melodie geträumt, die vom Ausgang.

Aber das bekannteste, beliebteste und das Land und das Volk am besten beschreibende und repräsentierende Lied Finnlands ist ohne Frage „Satumaa“, naturgemäß ein Tango. Satumaa heißt übersetzt Märchenland, das Lied handelt von einem ominösen Traumland jenseits des Meeres, nach dem der Sänger sich sehnt und in dem seine Geliebte für ihn unerreichbar ist, „ach, wenn ich doch nur einmal fort in das Märchenland könnte“. 1955 schrieb Unto Mononen (auch er interessanterweise wie Numminen und Somerjoki aus Somero) das, was seitdem jedem Finnen buchstäblich in den Adern fließt, es ist ihre Nationalhymne, viel weniger Finnen kennen die staatlich verordnete Hymne „Maamme“ (Unser Land), die sie auch noch mit ihren kleinen Verwandten, den Esten, teilen müssen. Gleiche Melodie, etwas anderer Text. „Maamme“ ist leider reichlich schwülstig, steif und leiernd, und noch dazu ursprünglich auf Schwedisch geschrieben, der Sprache der ehemaligen Besatzer und herrschenden Oberschicht.

Viele Finnen plädieren deshalb dafür, dass „Satumaa“, die Schattenhymne, zur offiziellen wird, man könne sich damit einfach besser identifizieren. Der bekannteste Interpret des Liedes war und ist Reijo Taipale, der einmal gefragt wurde, ob denn das Märchenland nicht der Tod sein könnte, worauf Taipale fürchterlich erschrak, um nach einer längeren Pause schließlich zu erklären, dass das Paradies gemeint sei. Tangokenner behaupten, er sänge es seither anders. Selbst Frank Zappa hat, klug und anthropologisch informiert, wie er war, und besessen vom Land (im krassen Gegensatz zu Elvis), bei seinem Konzert 1974 im Kulttuuritalo in Helsinki das Lied gebracht. Zu hören ausgerechnet auf „You Can't Do That on Stage Anymore“, wo er sich, finnoaffin, zu allem Überfluss auch noch Jukka nennt. Es beginnt eigenartigerweise mit den Worten „Bouilliabaisse, bouilliabaisse, bouilliabaisse, Stroganoff, bouilliabaisse, Here we go…“, weil Jukka Zappa sich gewundert hat, dass in seiner Fischsuppe am Vorabend Kiemen, Flossen, Darmschlingen und Augen schwammen, etwas, was er offenbar aus Amerika so nicht kannte und was ihn faszinierte.

Unterdessen hat der mediokre Monsterrocker Lordi, bekannt durch seinen Eurovision-Song-Contest-Sieg 2006 in Athen, einen neuen Hit am Start, er heißt „Chainsaw Affair“, und er thematisiert nicht, wie man vermuten könnte, Berufsunfälle finnischer Waldarbeiter, auch nicht die Interessen der Apotemnophilen, also der Selbstverstümmler, denen das eine oder andere Gliedmaß über kurz oder lang lästig geworden ist und die durch den dadurch entstandenen Platz mehr Lebensfreude

Finnisch Tür öffnen

erzielen können. Dass ein Finne wie Lordi das alles nicht im Sinn gehabt haben kann, beweisen die gliedmaßenglorifizierenden Zugrestauranttüren der finnischen Eisenbahngesellschaft, denn wenn sechs Finger schon nicht ausreichen, darf man sie ruhig auch mit dem Fuß auftreten. Nicht allerdings darf man sie mit Koffer, Mantel und Hut betreten. Aber ein Hut ist ja auch kein Körperteil. Zugfahren hier ist schön, ein schönes Schlingern, in Sommernächten kann es vorkommen, dass auf der einen Seite die Sonne zu faul ist unterzugehen und dass es gleichzeitig auf der anderen Seite regnet, mit dem dazugehörigen Regenbogen, die Zugbar hat bis zwei Uhr nachts geöffnet, und jedem der schwankenden Gäste, dem man dieses Schauspiel zeigen möchte – nächtlicher Regenbogen, das sei doch nun wirklich ganz besonders magisch –, winkt ab, das ist doch gar nichts, komm mal im Winter, dann bekommst du eine Aurora Borealis, auch Polarlicht genannt, *das* ist etwas Einzigartiges, ein richtiger Killer sei das, das kennt ihr ja gar nicht. Im Zug dann im Winter viele Japaner, die sogenannte Aurora-and-Spa-Tours machen, angezogen von den geheimnisvollen Sonnenwinden, die auf die Magnetfelder über den Polkappen in die Stratosphäre eintreten und diese eigentümliche grünen Schlieren am tiefschwarzen Himmel zaubern, ein unheimliches, flüchtiges Lodern. Was das Spa im Programm der Japaner bedeutet, ist mir allerdings schleierhaft, vielleicht Sauna. Und wenn sie Pech haben, ist es die ganze Zeit bewölkt und sie schauen in die Röhre bzw. den Saunaofen. Als ich in ebendieser sitze und vor die Tür gehe, um mich zur Abkühlung im Schnee zu wälzen, wehen plötzlich die sonderbaren Gardinen Gottes über mir, man steht da, splitterfasernackt, weit oberhalb des Polarkreises und des läppischen Weihnachtsmanndorfes, und staunt so sehr, dass man zu zittern vergisst. Man macht es einfach der Lapplandmeise gleich und senkt kurzfristig die Körpertemperatur, Hypothermie nennt man das. Endlich ein adäquater Ersatz für die vor einigen Jahren dummerweise verschlafene Sonnenfinsternis, die originalverpackte Schutzbrille hat man noch, für alle gleißenden Fälle.

Nach Aurora-Land kommt man, wie gesagt, mit dem Zug, zuerst muss man nach Rovaniemi, das dauert so seine zehn Stunden, da hören dann die Geleise auf, dann nochmal mit dem Bus fünf Stunden, eine halbe Stunde nördlich von Rovaniemi wird das Weihnachtsmanndorf passiert, das, wenn man kein Kind oder Japaner ist, vernachlässigenswert ist. Viel spannender ist es, durch die Nacht zu brettern, die aber nur eine gefühlte Nacht ist, weil's ja Tag ist, der nur für zwei dürre Stunden als blasse Borte am Horizont existiert. Der Bus schlingert über die Eispiste, weil der Fahrer mit der einen Hand telefoniert und mit dem Ellbogen lenkt, während die andere Hand schaltet und raucht. Aber er schafft es immer wieder, ratlosen, auf der Straße herumstehenden Rentieren auszuweichen. Wärme spendet zuerst ein Sender im Radio, der ausschließlich Vogelstimmen spielt, den unser Kutscher später zugunsten einer Tangostation wechselt, die unter anderem auch den Klassiker des Tangopaten Olavi Virta, „Vaaralliset Huulet“ (Die gefährlichen Lippen), bringt, der Auskenner weiß Bescheid: „Ich

Fun ist eine Bushaltestelle im Schnee

sehe deine Lippen glühen und locken, / von ihnen bekomme ich einen brennenden Kuss, / ich weiß doch: Glut ist auch eine Lüge, die mich ruiniert.“

Inari, am verwunschenen gleichnamigen See, natürlich mit einer meterdicken Eisschicht bepackt, inmitten von Zuckerwattewäldern, ist völlig ausgestorben, bis hierher hat es außer mir nur ein achtzigjähriger Japaner geschafft, der schon seit zehn Tagen auf die Aurora wartet, am Abend sitzt er im Speisezimmer des Hotels Kultahovi (Goldhof) und isst wie ich eines der zwei Gerichte, die angeboten werden, Rentiergeschnetzeltes, das nach nassem, herrenlosem Hund schmeckt. Was kann man hier tun, außer warten? Auf den Sommer, die Aurora oder den nächsten Bus in den Süden.

Finnische Orte, mit Ausnahme von Helsinki, einer Perle moderner Architektur, sind meist ziemlich hässliche Angelegenheiten, kein malerisches rotgestrichenes Bullerbü, sondern Baracken und betonierte Flachbauten, in denen Supermärkte, Tankstellen und Pizzerias untergebracht sind, merkwürdig versetzt, wie zufällig hingewürfelt, stehen sie da und lassen immer wieder Platz für Brachflächen, das ist vielleicht das wahre Gesicht Finnlands. Es wird nichts beschönigt, die Atmosphäre ist trostlos und absolut deprimierend. Die Finnen wohnen versteckt im Wald in kleinen Häuschen und kommen nur zum Tanken und Einkaufen in die Städte.

Jetzt, im Winter, mit Motorschlitten. Aber solange sie ihre überwältigende Natur haben, hunderttausend Seen inmitten gutgelüfteter Birkenwälder, nächtliche Regenbögen und grüne Vorhänge aus Sonnenwinden, was stört sie da das Aussehen ihrer Städte, die brauchen doch nur zu funktionieren, und die zwei Erkennungsmelodien Finnlands, „Satumaa“ und „Valot“, Märchenland und Lichter, haben sie sowieso im Kopf, immer. ‹

EINE GANZE MENGE DOSEN

Wenn man sich Taipeh, Taiwans Hauptstadt, von oben nähert, sich also im Landeanflug beispielsweise mit einem Flugzeug oder, wenn man einer der zahlreichen, omnipräsenten Reiher des Landes ist, ohne Flugzeug, staunt man nicht schlecht über die enorme Buntheit der Stadt. Aber dieses Wundern weicht rasch Enttäuschung angesichts der diskrepanten, eher trostlosen Farbigkeit en détail. Alles ist angesichts der Dauerfeuchtigkeit verschimmelt, nie und nirgends sah und sieht man mehr mürbe, verschimmelte Häuser, korrodierten Stein, graubemoosten Zement. Die Luft ist so klamm, dass einem in kürzester Zeit der Gummibund der Unterhose mürbe wird. Und um dem Zementschimmel Herr zu werden, wird er vielfach lackiert, oder man kachelt die Mauer, so als würde er nicht eines friedlichen Tages sein schmutziges, graugrünes Haupt wieder erheben und den Lack, die Fliese sprengen. Holzhäuser gibt es in Taiwan gar keine, sie wären alsbald verquollen, bepelzt und schwammig. Kein Taiwanese weiß, wie es andere tropische Länder mit einer ähnlich hohen Luftfeuchte halten, um dem Schimmel keine Andockmöglichkeit zu bieten. Vom Koreaner weiß man, dass er sein ganzes Land verfliest, und noch nicht mal aus Schimmelschutzgründen, denn die Luftfeuchtigkeit dort hält sich in moderaten Grenzen, nein, die Kachel gilt als schönes Kleid, weit mehr noch als im Mutterland der zierenden Fliese, in Portugal, wo man sich gerade mal das Wirtshaus und die gute Stube damit auslegt.

Das eigentlich Bunte, das, was man vom Luftraum über Taiwan aus sieht, weist auf einen eigenen, sehr originären Berufszweig hin: Es sind die über 60.000, mit grellbunten Neonröhren beleuchteten Glaskuben der sogenannten Binlang-Beauties, Mädchen, die, spärlichst bekleidet und zurecht gemacht wie andernorts Prostituierte, im Zwielicht der Legalität Bethelnüsse präparieren und sie an Taxi-, Bus- und Lkw-Fahrer verkaufen, die wiederum an ihren durch die Kräuterpaste, die neben dem Löschkalk in die Nuss geschmiert wird, rotverfärbten Gebissen und dem trüben Blick zu erkennen sind. Dabei soll die Nuss eigentlich, wie man erfährt, für Wachheit sorgen. Ein Selbstversuch hat ergeben, dass sie gar nicht mal so schlecht schmeckt – nach Lakritz und Teer –, auch rasch in den Organismus fährt, aber eine Mischung aus wüsten Hitzewallungen und flauer Benommenheit verursacht, einmal ganz abgesehen von dem erwiesenen Krebs- und Kariesrisiko – vermutlich keine so gute verkehrssichere Mischung. Bisher jedenfalls sind alle Versuche, die aufgetakelten Mädchen von den Straßenrändern zu vertreiben, gescheitert. Wenn die Kampagnen laufen, sieht man für ein paar Wochen mal keine, aber irgendwann sind sie dann wieder da. Fotografieren lassen sich die Girls aber nur äußerst ungern, vermutlich weil es einerseits, unschwer zu erkennen, ein ehrenrühriges Gewerbe, andererseits fest in der Hand der taiwanesischen Mafia ist. Wenn man also nicht jede Menge Ärger bekommen möchte und einem etwas an der eigenen

Gesundheit liegt, beschränke man den Besuch bei den Damen auf den Erwerb von Nüssen.

Anzunehmen ist, dass die Piloten der taiwanesischen Fluglinie Eva Air keine Bethelnüsse kauen, denn die Linie zählt laut Eigendefinition zu den sichersten der Welt, was nicht schwer ist, existiert die Flotte doch erst seit 1989. Hervorgegangen aus Evergreen, einem der global größten Schiffscontainerunternehmen, konzentrierte man sich zunächst auf Frachtlast, dem auch weiterhin das Hauptaugenmerk des Unternehmens gilt. So entwickelte man in den Werfthangars des damaligen Chiang-Kai-shek International Airports den monströs großen, einem Buckelwal nicht unähnlichen Large Cargo Freighter B747, indem man, wie der Chefingenieur Kinhung Chong erklärt, einem gebrauchten Boing-747-Jumbo das Heck und das Oberteil abschnitt und wegschmiss, was „eine ganze Menge Bierdosen wären“, wie der korpulente Operationsmanager von Boing, Carl T. Wiley, launisch anmerkt, um dann dem jetzt wie ein Cabrio aussehenden Vogel eine Art riesigen Buckel aufzu-

Der Zement lebt

pfropfen, der dreimal mehr Fracht zu transportieren in der Lage ist als ein handelsüblicher Frachter. Und dieser als Witz beschriebene Umstand bekommt dann im Personentransportsegment eine völlig neue Bedeutung, wird doch auf dem circa 15-stündigen Nachtflug von Taipeh zurück nach Wien jedem Passagier nur eine einzige Dose Bier zur gleichermaßen belebenden wie sedierenden Erfrischung gereicht. Man muss das also auf dieser Ebene wieder reinholen, was andernorts verlorengeht. Paradoxerweise hat man aber in der besseren Klasse, der sogenannten Premium-Laurel-Klasse, noch genug Metall, man bekommt nämlich zum Essen sechs verschiedene Messer zur Auswahl.

Leckeres heißes Wasser

Aber auch wenn man knapp am Dehydrieren vorbeischrammt, denn das als Alternative gereichte lauwarme Wasser ist unmöglich zu trinken, weil es, dem Geschmack nach Naphtalin und Zigarettenasche nach zu urteilen, in Taipeh noch kurz zuvor aus einer öffentlichen Leitung gezapft worden sein muss, bietet der Flug insgesamt doch einige Ablenkung und Erbauung. Im Eva Air Sky Shop gibt es beispielsweise, wie man dem Bordmagazin entnehmen kann, japanische Milch aus Hokkaido zu kaufen, aber nur im 6-Liter-Gebinde, aber auch eine Cellulitesalbe namens „Stubborn Sponginess“, also widerspenstige Schwammigkeit, ein idealer Name auch für ein Wunderfungizid gegen Wandschimmel.

In Taipeh empfängt einen dann eine wohltuende Wärme und die oben beschriebene Feuchtigkeit, gepaart mit einer einlullenden olfaktorischen Mischung aus Putzmitteln, Blüten und verbranntem Geld. Das ist natürlich nur das sogenannte Höllengeld, mit Goldfolie bedruckte Papierzettel, die symbolisch den Verstorbenen auf die letzte Reise mitgegeben werden, damit sie sich aus dem Fegefeuer freikaufen können, und die an jeder Straßenecke

Hier werden Schweinemasken genäht

in eigenen dafür vorgesehenen Öfen abgefackelt werden. Im Flughafenankunftsbereich stürmt man dann sofort einen dieser vielen 7-11-Convenience-Läden, um beispielsweise mit einer Dose Spargelsaft der Firma Uni-President der inneren Dürre Herr zu werden, denn auf die sechs Liter japanische Milch im Flieger hatte man dann doch lieber, natürlich um einen Kalziumschock zu vermeiden, verzichtet. Unverzichtbarer Bestandteil jedes dieser 24 Stunden offenhaltenden Läden ist auch immer ein kleiner populärer Snack, hartgekochte, in einer schwarzen Brühe aus Sojasauce und Tee brodelnde Hühnereier, zweifellos der Geschmack von Taiwan, steinharte Teeeier.

Dass ein essenzieller Bestandteil taiwanesischer Esskultur frittierte Hühnerkrallen und marinierter Quallensalat ist, wird man, wenn man asienaffin ist, auch andernorts schon gesehen oder gekostet haben, nur kam dem Berichterstatter gerade hier in Chiang Kai-sheks China sowohl die Kralle wie auch die Qualle ganz besonders knusprig vor.

Und das Essen ist dem Taiwanesen, so scheint es, wichtiger als jede andere Tätigkeit, an jeder Ecke dampft die neonhelle Garküche, man durchschreitet gleichsam schneidend eine Schwadenwand nach der anderen, und wenn bei Einbruch der Dunkelheit die Nachtmärkte aufmachen und die die kleinen fahrbaren Stände betreibenden Dieselgeneratoren zu brummen beginnen, kommt man aus dem Staunen nicht mehr heraus, dem Staunen darüber, wer das eigentlich alles essen soll. Dazwischen der übliche Krempel: falsche Taschen und Textilien, hysterischer Schnickschnack, aber

Grassaft de luxe

auch vorsintflutliche Maschinen, in die meterlange Zuckerrohrstangen geschoben werden, am anderen Ende rieselt dann dünn der Saft heraus, an einem anderen Stand eine Grasfläche, wo ein schütter behaupthaarter Patron aus dem Gras Saft wringt, dann eine fossile, unglaublich laute Eisenmaschine, die einzelne Kekse presst, die dann explosionsartig, unter Druckluft vermutlich und um das Fünffache größer, in ein Netz schießt, dazwischen dann eine große, alte, kahle Halle, in der uralte Leute Karaoke singen, Neunzigjährige zum Teil, während die anderen Greise stoisch Mahjong spielen, woanders wieder macht einer, unter den staunenden Blicken der ihn umstehenden Kinder, mit Holzformen aufblasbare, rosafarbene, hauchdünne Zuckertiere, wie aus einem anderen Jahrhundert, aber nicht auf nostalgisch, sondern irgendwie stehengeblieben, dann ein Stand mit selbstgemachten Nagelbrettern, wo man mit Linealen Murmeln wegschnippt, um eine hässlich aussehende Wurst gewinnen zu können, bei einem anderen Stand konnte man sogar um die Wurst würfeln. Das ist alles so irrsinnig schön kläglich und sympathisch, dass man sich auch schon nicht mehr wundert über das spezielle Verbotsschild am Buseingang.

Wenn man in unseren Breiten gerade mal froh darüber ist, dass endlich ein einheitliches Rauchverbotsgesetz für öffentliche Verkehrsmittel durchgesetzt werden konnte, ist man in Taiwan bereits etwas weiter, seit November dieses Jahres gilt es nun endlich, das totale Vogelmitfahrverbot in allen Bussen Taipehs. Stellvertretend für alle Piepmatze, Reiher wie Spatzen, Schnepfen wie Stelzvögel, weist das Verbotsschild dezidiert auf zwei ganz besonders verhaltensauffällige Kollegen hin: die Ente und den Specht. Schluss mit uninteressantem Geschnatter, den bürzelbedingt eingefetteten Sitzen, Schluss auch mit dem nervtötenden Geklopfe und Gehacke in den Bussen. Denn das ist es doch letztlich, warum wir alle lieber im Flugzeug weinen als im Bus. ‹

DIE FLIEGE IST GELANDET

Wir sollten ehrlich sein, zu uns, zu unserer Umwelt, zum ganzen Kosmos, und wir sollten es ein für alle Mal aussprechen dürfen, auch wenn die Wahrheit wehtut, nämlich die, dass Clowns nicht lustig sind, nie lustig waren und auch nie lustig sein werden. Es ist ein weitverbreiteter Irrtum realitätsfremder Erwachsener zu glauben, Kinder könnten sich an ihnen ergötzen, würden schneller genesen, wenn man ihnen Klinikclowns ans Krankenbett hetzt. Sie haben Angst vor ihnen, es kommt mitunter zu traumatischen Folgen, Bettnässen, Angstkoten, Schulmassaker. Ronald McDonald, das Maskottchen der Systemgastronomieverbrecher gleichen Namens, der zerrüttete Clown Krusty aus der Zeichentrickserie „Die Simpsons", die Pantomimen in den Fußgängerzonen der Metropolen, der Pierrot, mit den unter der zentimeterdicken Schminkeschicht aus tschechischer Plakafarbe verborgenen Sedimenten verkrusteter Tränen, allesamt Gestalten, die auch in Dokumentationen über einen Verfall der Werte unserer Gesellschaft gute Figur machen würden. Herolde und Postillione des nahen Untergangs, der Tanz auf dem Vulkan mit verbeulter Klarinette. Die rote Nase, Symptom für fortgeschrittenen Alkoholabusus, soll Freude erzeugen. Der dem dummen August überlegene Weißclown, der vorführt, wie man auch aus dem Nichts noch Hierarchien schaffen kann? Mitleid wäre hier wohl eher angebracht.

Strumpfhosenzweckentfremder

Und doch können Clowns etwas Komisches an sich haben, dann nämlich, wenn sie aus ihrem Kontext geschält und in einen vollkommen anderen transportiert werden. Nach Médoc beispielsweise. Médoc ist eine der berühmtesten Weinregionen Frankreichs, eine Halbinsel, vierzig Kilometer von Bordeaux entfernt, eingequetscht zwischen dem Atlantik und der Gironde, der gemeinsamen Mündung der beiden Flüsse Garonne und Dordogne.

Einmal im Jahr, am zweiten Wochenende des September, findet hier der seltsamste und beliebteste Marathon der Welt statt, unter reger Beteiligung von jeder Menge Clowns, schwitzender, leidender, betrunkener, aber dennoch nicht unfroher Spaßmacher.

Dass ich laufen kann, und zwar einen ganzen Marathon, habe ich schon bewiesen – einmal. Und zwar in der passablen Zeit von drei Stunden und fünfundvierzig Minuten. Dass ich noch zweimal kurz vorm Lauf mit Achillessehnenentzündung aufgeben musste und vor Wut meine Nummer zerriss, war wohl nur ein Zeichen dafür, dass ich es bleiben lassen soll, das Laufen. Zumindest das ehrgeizige. Und das ist leider eine Voraussetzung für einen normalen Marathon, das Schwitzen und Schinden, das kilometerfressende Arbeiten, umgeben von vom Ehrgeiz getriebenen Dränglern. Man muss sich nur mal ihre unfrohen und verkniffenen Gesichter ansehen und ihre eitle Aufmachung, vor allem die der Hobbyläufer, sie laufen ja auch fürs Publikum. Und wenn man läuft, ist es eigentlich unmöglich, *nur* dabei zu sein, irgendeine geheimnisvolle, dunkle Macht treibt einen an, immer wieder Mitläufer zu überholen, Terrain gutzumachen, auf die Zeiten zu achten und seinen Aufenthalt an den Labestellen auf ein Minimum zu beschränken, lieber die kleine Slapsticknummer einbauen, das alberne Trinken in der Bewegung. Nirgendwo sonst ist der Weg weniger Ziel als beim Marathonlauf, eigentlich ein Paradoxon, weil der Weg ja so lang ist und man so viel Zeit auf ihm verbringt.

Nun sind aber einige Menschen, wie ich zum Beispiel, mit einer inneren Unruhe ausgestattet, laufen zu müssen, zum Wohlfühlpunkt zu kommen, wenn *es* läuft, gerne auch in Gesellschaft, wie kommt man aus dem Dilemma heraus?

Die Antwort ist Médoc mit dem langsamsten Marathon der Welt – und folglich auch dem längsten. Schlösser wie Mouton Rothschild, Latour, Lafitte werden geöffnet und von Horden von johlenden Läufern gestürmt, so, als sei es die Erstürmung der Bastille, und in den Châteaus werden sie, gleichsam zur Besänftigung, mit deren hochpreisigen, uralten, schweren Weinen gelabt. Und was das Ganze noch absurder macht, ist die Auflage, dass man verkleidet sein muss, wodurch der den handelsüblichen Marathon so unangenehm machende Ehrgeiz vollkommen entfällt. Gibt es etwas Lächerlicheres, Fröhlicheres als die verachteten Clowns, die mit riesigen Schuhen durch jahrhundertealte kostbare Weinfelder tapsen, als einen Trupp Schlümpfe samt pilzförmigem Schlumpfhaus – die blaue Schminke bereits in Schweißbächen heruntergeronnen –, der durch die kunstvoll angelegten Blumenrabatten der Familie Rothschild stolpert? Ihr Schlupfhaus auf Rädern hat irgendwo auf weiter Flur einen Achsenbruch erlitten, man steht ratlos drumherum, kratzt sich am Kopf, die Mütze ist verrutscht, alles wie im Comic, es fehlt nur noch die Denkblase über ihren Köpfen in der „grübel grübel" oder „verschlumpft" steht. Wo sonst lässt man sich gnädig und milde gestimmt von einer riesigen, drei Meter langen Torte, in der acht Männer schuften wie in einer Galeere, überholen? Hier wird mehr gelacht als gelaufen.

Es ist alles vollkommen surreal dort, verblödet und ein großer alberner Spaß, grotesk die Diskrepanz zwischen der galoppierenden Enthemmtheit und der atemberaubenden, vornehmen Gegend, nur flache Weinhügel, auf denen unfassbar schöne, schlichte und symmetrische Schlösser stehen, inmitten dicker Weinstöcke, von denen sie nicht selten alle Reben bis auf eine abgeschnitten haben, damit aller Saft, alle Energie in sie fließt und sie so zu der Superrebe reifen lässt, der önologische Laie findet das pervers, aber pervers ist man ja selber.

Um 9.30 Uhr setzte sich der Tross der Irren, immerhin 9000, in Bewegung, alles noch ganz ausgelassen und in freudiger Erwartung. An einem Kran über dem Start baumelten neun Weihnachtsmänner, die Marschtrommeln rührten, die ersten drei Kilometer kann man nur gehen oder auf der Stelle laufen, weil die Gassen Pauillacs, der Ort, in dem der Wahnsinn beginnt und endet, zu eng für die vielen ausladenden Kostüme und Gespanne sind. Das Gefühl, von lauter Narren umgeben zu sein, nimmt der Distanz etwas, ach was, nicht etwas, sondern alles von ihrer Bedrohlichkeit, es lässt Einsamkeit beim Langstreckenläufer gar nicht erst aufkommen. Eins meiner Favoritenkostüme war der menschliche Tisch, eine durch eine weiß-blau gewürfelte Tischdecke verbundene Menschengruppe, jeder der zehn Teilnehmer hatte auf seinem Kopf eine kleine Plattform, auf der Tellerchen und Tässchen standen, Kettensklaven nicht unähnlich, die wollten das 42 Kilometer durchstehen. Na dann, viel Vergnügen noch, Freunde.

Ich lief als Fliege, ein enger, schwarzer Ballettoverall, zwei verbogene und mit dem Stoff zweier Damenstrumpfhosen bespannte Kleiderbügel (einmal im Jahr fühle ich mich geringfügig frivol, wenn ich mir in der Drogerie Damenstrümpfe kaufe, bilde mir aber naiverweise ein, die Verkäuferin weiß, was ich mit ihnen bezwecke), zwei Teesieben als Facettenaugen, und fertig ist der Brummer, schließlich noch ein in letzter Sekunde aus Authentizitätsgründen angenähtes und mit Zeitungspapier ausgestopftes drittes Beinpaar. Verdammt, wer kümmert sich jetzt noch um so was und wen interessieren solche entomologischen Spitzfindigkeiten, die Beine baumeln jetzt nur noch trabehemmend und nicht als solche erkennbar blöde herum, beim Versuch, sie abzureißen, riss ich ein großes Loch in mein Abdomen. Ein Mitläufer verknotete sie mir dann auf dem Rücken, aber das konnte auch keine Dauerlösung sein, weil das Gebinde mir die Luft abschnürte. Ungefähr bei Kilometer zehn hatte ich endgültig die Nase voll von den Beinen und fragte eine sich vergnügt aus dem Fenster lehnende ältere Frau auf Englisch, ob sie eine Schere hätte, sie sagte, nein, sie hätte nur *eine* Schwester, die sei aber nicht hier, die wohne in Bordeaux. Als ich das internationale Scherensymbol mit zwei Fingern machte und verzweifelt auf meine beinigen Wurmfortsätze deutete, verstand sie und holte das Werkzeug, sie operierte sie mir behände ab und fragte, was sie damit machen solle, ich sagte sinngemäß, sie könne sie wegschmeißen. Vielleicht gibt es einen Altbeincontainer irgendwo, denkt man so vor sich hin. Viele andere Läufer litten unter ähnlichen Plagen, der Weg war gesäumt von Flügelteilen, Mützen, falschen Bärten, Fühlern und dergleichen, einmal sah ich sogar einen Elefantenrüssel. Es wird wirklich sehr heiß, aber bis Kilometer 16, 17 geht es sehr angenehm und flüssig dahin, es gibt auch sehr viele Labestationen, die reichlich Wasser anbieten, aber auch Rosinen und Zuckerwürfel und überflüssigerweise extrem trockenen Kuchen. In den Châteaus bietet man den Hauswein an, meistens in Plastikbechern, nur in den renommierten Schlössern, wie bei Rothschilds und ein paar anderen, gibt es richtige Gläser – mutig, bei den Läufermassen. In deren Anwesen rastete ich dann auch eine halbe Stunde – man kann mit einem Weinglas schlecht laufen, wie schwul sieht das denn aus –, und hier wurde ich von einer sagenhaft dummen Focus-TV-Schnatze interviewt, die auch noch das Mikro (eine sogenannte Ratte) falschrum hielt, ich musste ihr das erst erklären, auch wenn ich gar nicht aus der Branche komme, aber man kennt das doch von Berichten aus besonders stürmischen Gegenden, dieser graue, zottelige Mikrofonschutz, sie fragte, ob das nicht irgendwie krank sei, Marathon *und* Alkohol? Ich erklärte ihr, dass man gerade das doch ganz prächtig kombinieren könne, zweimal Ausformungen der Kaputtheit, und am Ende kommt etwas Positives raus, das lernt man doch schon im Physikunterricht, und dass das dann auch noch von so vielen Clowns begleitet würde, unterstriche doch den unbedingten Ernst der Veranstaltung, und selbst der regelmäßige Tote, den der Lauf jedes Mal fordere, hätte doch einen idealen Abgang. Sie lachte gequält, ich prostete der Kamera noch zu und merkte im selben Moment, sie hat gar nichts begriffen, sie findet Zirkusclowns sicher lustig, nein, lieb, und hat einen Porzellanharlekin mit einer aufgemalten Träne auf ihrem pfirsichmelbafarbenen Sofa sitzen.

Die Clowns lassen in den gepflegten Schlössern immer eine Schneise der Verwüstung zurück, zertretene Rabatten, überall Plastikbecher. Eine späte Rache des Proletariats, des gedemütigten Hofnarren? Muss den König mit faulen Witzen aufmuntern, nur weil der gerade einen schlechten Tag hat, verkatert vermutlich, und man selbst würde lieber Psychologie studieren, aber da unterstelle ich unter Umständen den Narren vorschnell einen Restintellekt, der vielleicht gar nicht da ist, vielleicht ein zu frommer Wunsch, weil ich mir einfach nicht vorstellen kann, dass jemand freiwillig Despoten zum Lachen zu bringen versucht, um seinen eigenen Hals zu retten.

Ein schöner Aspekt des Laufs sind die vielen den Straßenrand säumenden Kinder, die abklatschen wollen und Kostüme raten, bei mir waren sie sich nicht so sicher, dann arbeitete es zwei Sekunden in ihren unterentwickelten Köpfchen, die Zuordnung Flügel und Teesiebauge geht noch nicht so geschmeidig wie bei der beliebten Biene vielleicht, und dann riefen sie mir nach: „Allez la mouche", Mach hinne, Fliege! Einmal surrte mir auch ein grimmiger, unfroher Mann nach, der aussah, als sei er draußen auf Kaution, es klang aber nicht wie eine Fliege, sondern wie eine Hornisse. Schlimm wurde es ab Kilometer 22, grad mal die Hälfte, und schon völlig ausgelaugt, ich war mir nicht ganz sicher, ob ich jetzt in jedem Château weitersaufen solle, ob das nicht noch matter macht, oder ob das die Energie zurückbringt, wenigstens kurzfristig, bis zum nächsten Schloss, und dann weitertanken (so wie weiterhangeln, von Schloss zu Schloss). Der deutsche Marathonläufer und Autor Manfred Steffny stellte in einem Buch eine eigene Berechnung für dieses Dilemma an: „Wenn ich an 7 Stationen je 0,1 l Alkohol mit einem Gehalt von 13 % zu mir nehme, ergibt dies ca. 1,1 Promille, ein gewisses

Endlich im Fernsehen

Gleichgewicht bei der erst anregenden und dann ermüdenden Wirkung, wie würde die Leber reagieren, wenn sie gleichzeitig Glykogenreserven liefern muss und Alkohol abbauen?“ In einem anderen Glas-Schloss legte ich mich nochmal in den Park, zwischen einem Zebra und einer Pik-7-Spielkarte, und trank Wein. Als ich aufstehen wollte, war ich Blei geworden, konnte mich kaum bewegen, alles war doppelt so schwer, mich hatte es erwischt, die Wucht der Lähmung war dann doch überraschend, ab jetzt keinen Alkohol mehr, nur noch Wasser. Ab Kilometer 38 sprang mein Meniskus mit einem lauten „Plopp“ raus, ich konnte praktisch nur noch auf einem Bein hüpfen, bei jeder Wasserstelle schüttete ich mir kaltes Wasser aufs Knie, ich wurde von einer Concorde überholt, ein Mann mit einem an quietschenden Hosenträgern hängenden schweren Flugzeugdreieck, er freute sich, der Sack. Krankhafter Ehrgeizling!

Aber das ist nicht so schlimm, wenn ich an den mitrennenden Freund denke, den jene drei Meter lange und zwei Meter hohe Torte überholte, die man am Anfang gesehen hatte, kaum zu manövrieren in den engen Gassen Pauillacs, fast steckengeblieben schon am Start, die armen Irren.

Auf den letzten Kilometern werden die Verköstigungsstellen immer dichter, Tische, die sich unter gigantischen Bergen tausender Austern, biegen, am Wegesrand bei Kilometer 38, Entrecotes brutzeln auf den dampfenden Rosten, und auch wenn man nichts übrig hat für Champagner, hier nimmt man ihn auch noch mit, statt auf eine gute Zeit zu achten, ist ja sowieso schon alles egal, Käse gibt's natürlich, Schnecken auch, wahnsinnig scharfe Blutwürste und sogar Speiseeis, aber das war dann auch schon egal, ich überholte bzw. überhüpfte, wegen des lädierten bzw. beleidigten Knies, mit einem belebenden Cocktail aus Weißwein, Eiweiß und Endorphinen dann kurz vor dem Ziel sogar noch die Concorde und bot ihr an, gemeinsam mit mir, Hand in Hand, ins Ziel zu fliegen, aber sie lehnte grimmig ab, tja, Fairness kann man von einem Auslaufmodell nicht erwarten. Trotz oder Stolz befahl mir dann natürlich, sie zu überholen, die Fliegen haben schließlich das Fliegen erfunden, sie lassen sich das Siegen nicht von irgendeinem Blechhaufen nehmen. Im Ziel wird man dann mit Massen von Schnickschnack beschenkt, geradezu beworfen, Medaille, Rucksack, Wein, Fleeceweste, das lehnte ich alles ab, ich wollte nur noch ein eiskaltes Bier, für mein Knie.

Wenn man nicht davon leben muss, also wie die Marokkaner und Äthiopier, soll so Laufen sein, alles andere ist ein Irrtum, so wie Clowns. Zusammen aber sind sie ein Konzept, mit dem man durchaus leben kann. Schindet die Clowns, wo ihr sie trefft! ‹

Durstiger Frosch

DIE STADT, DIE DEN FÜSSEN DIENT

Bauhausgründer Walter Gropius, dem die Vision des durch Wohnqualität besänftigten und glücklich gemachten Bewohners vorschwebte, würde weinen vor Glück, denn hier in Zlín wird seine Utopie sogar noch übererfüllt, sind doch die Amseln in den vielen Parks und Grünflächen um die oder zwischen den Wohn- und Arbeitswürfeln, diese zaghaftesten aller Kulturfolgervögel, inzwischen so zutraulich, dass sie sich sogar streicheln lassen, man traut seinen Augen nicht, aber es ist wahr, sie gehen sogar in Häuser, im Disco-Kaufhaus-Komplex Dum kultury sah ich eine von ihnen eine Haferflocke aus einem lecken Päckchen räubern. Ein Verhalten, das in unseren sich so modern und fortschrittlich gerierenden Städten, die sich ein ums andere Mal etwas auf ihre hohe Lebensqualität einbilden, nicht mal die Tauben geschafft haben: Zutrauen, Frieden finden, Gelassenheit. In Wien beispielsweise, aber auch in Venedig, herrscht ja bekanntermaßen diesbezüglich ein Stellungskrieg, kein Wunder, dass sie alles zukoten, reines Angstkoten ist das, das sollen sich doch bitte mal all die wutschnaubenden Auskenner und ornithologisch Halbbewanderten ins Stammbuch schreiben oder sich in Zlín überzeugen, wie eine friedliche Koexistenz zwischen den Kreaturen geht.

Zlín, der Traum von einer Gartenstadt wurde Wirklichkeit, weil dem Schuhmacher Tomáš Bat'a Ende des 19. Jahrhunderts seine Arbeiter am

Herzen lagen – ungewöhnlich, der Altruismus für einen Industriellen –, er sich Gedanken machte. Er ließ unter dem Motto „Kollektiv arbeiten – individuell wohnen“ Werksiedlungen errichten, die heute aufgrund ihrer Einbeziehung sozialer und psychologischer Aspekte als „Perle des Funktionalismus“ und sogar als erste funktionalistische Stadt der Welt bezeichnet wird, die einzige ideale Industriestadt, die jemals verwirklicht wurde. Nach den Blaupausen der Pläne dieser Stadt wurden 34 Städte auf allen Kontinenten errichtet, ein blinder Zlíner findet sich also mühelos im indischen Batanagar, im indonesischen Batavia, im kanadischen Batawa, im brasilanischen Batatuba, aber auch im polnischen Otmet (dt. Ottmuth) zurecht. Der Hohepriester des Brutalismus, Le Corbusier, sah in ihr die Verwirklichung seiner Idee einer funktionellen Stadt, in der Arbeiten, Wohnen, Verkehr und Freizeit die funktionelle Grundstruktur der Stadt bildeten. Die Schuhstädte Bat'as konnten funktionieren, weil ihr Zweck – die Produktion von Schuhen – allem anderen übergeordnet war. In einem Atemzug sei sie gewachsen, sagt die kesse sechzigjährige Schuhmuseumschefin Vera Mandakova. Die Schuhproduktion wuchs schnell, vor allem zog man einen dicken Fisch an Land, im Ersten Weltkrieg orderte die k.u.k. Armee 50.000 Stiefel, das bewahrte die Einwohner Zlíns vor Arbeitslosigkeit und die Bat'a-Werke vor dem Konkurs, 1932 starb der 56-jährige Schuster beim Absturz seines Privatflugzeuges, das Unternehmen ging an seinen Sohn Tomáš John Bat'a über. Die Bat'a-

Werke wuchsen zum weltgrößten Schuhproduzenten, der Ahle und des Fummelholzes bedurfte es schon lange nicht mehr, alles ging industriell, ökonomisch, und zu den brandneuen Gummistiefeln kamen auch noch Autoreifen, wenn der indische Kautschuk schon mal da war, weswegen nach wie vor über der Stadt ein mundwässernder, erregender Gummigeruch hängt – nur, der größte Arm der Stadt ist verdorrt, Schuhe werden hier nicht mehr produziert, die Absatzmärkte sind infolge kommunistischer Misswirtschaft weggebrochen, die Produktionsstätten sind jetzt asiatische Hinterhöfe, in denen Kinder hinter gusseisernen Nähmaschinen hocken, aus der Traum, hier wird wieder wie in vorindustriellen Zeiten geschuftet. Die Klopapier- und Gummistiefelfabrik Nokia im gleichnamigen finnischen Ort hat rechtzeitig erkannt, dass man flexibel sein muss, aber für eine derartige technologische Umrüstung oder Neuorientierung ist es nun hier in Zlín zu spät, der Zug ist abgefahren.

Die Stadt ist ein Denkmal der Vision einer funktionalistischen Stadt, einer Architektur, die einen besseren, neuen Menschen schaffen sollte, einer gelebten Utopie eines gebauten Gedankens, der Moderne an sich und ein leidenschaftliches Plädoyer für die Idee und die Sache und gegen Ideologie, Dogma und Spekulation. Die Strukturen Zlíns, nach 1945 auf andere Städte übertragen, bewirkte allerdings eine völlige Zersiedelung der innerstädtischen Bereiche. Nichtfunktionelle, nichtrationalisierte Bereiche, in denen zufällige Begegnungen passieren konnten, waren unerwünscht. Le Corbu-

Kamikazebiene

sier bezeichnete dies in seinen Erinnerungen als die vergessene fünfte Funktion.

Im Rocklokal Golem tritt heute eine True-Metal-Band namens Grobiani auf, und man denkt immer, wenn man durch den Ort der Hängeschultrigen geht, man befindet sich in einem Pan-Tau-Film, und der berühmte Magier, der verschmitzte, sinister grinsende, taucht jeden Moment auf, fingertänzelt auf seiner Melone und verzaubert alles wieder in dieses prosperierende, ameisenfleißige, optimistische Örtchen, „When all the numbers swim together and all the shadows settle" hat jemand (ich) in eine Bank geritzt, genau, so war es einmal. Und dann erzählt einem Madame Mandakova aus dem Schuhmuseum mit der Rastlosigkeit einer Dreizehnjährigen, dass der Pan-Tau-Darsteller Otto Šimánek gar hier geboren worden sei, ja, das fehlte ja noch, ändern kann dieses Wissen jedoch nichts mehr, nur noch den Zustand verklären, all die herrlichen Fabriksanlagen, die selbst die bautentechnisch nicht eben einfallsarmen Kommunistenschweine nicht zerstören konnten, sie stehen da wie ein kariöses Gebiss, durch das die Schwalben pfeifen, und überall an den Mauern prangt in nicht allzu großer Höhe eine Art zweidimensionales Graffito, eine bemalte Styroporbiene, im Sturzflug, weil ihr Kopf in einer Klorolle steckt. Der Wissende, Parallelen ziehen Könnende ahnt natürlich, das ist eine Kritik am System, sie wohnen in den wunderbarsten Waben, aber ihre Zeit ist abgelaufen, sie stürzen ab wie Tomáš Bat'a mit seinem Flugzeug, weil ihre Köpfe in Klorollen stecken, die Klorolle ist Nokia, der Ausgang, den sie verpasst haben, leider.

Im Wirtshaus Potrefená husa, die gestiefelte Ente, serviert man neben der Spezialität Schweinehals auch die Gulaschsuppe in einem ausgehöhlten Brot, man spart offenbar, wo man kann, und hier eben am wertvollen Kaolin, aber im Klo dann die Überraschung, noch ist alles aus Porzellan, und während man gedankenmäandernd den Deckel der Suppenterrine knabbert, keimen in einem, nicht nur durch die Gummistiefelparallelität (immerhin produziert Nokia noch die Stiefel, vielleicht aus nostalgischen Gründen), immer wieder Finnlandassoziationen: War es nicht so, dass man hier überall Birken und Zitterpappeln gesehen hatte? Die Wohnkuben, kennt man das nicht auch aus Nurmes, aus Koupio, aus Joensuu, das sogenannte „Wohnen mit Durchblick", jede finnische Stadt ist doch so, Alvar Aalto, auch er offenbar ein Zlín-Fan, das Durchlüftete, also deswegen kam einem das hier so bekannt vor, so heimelig.

Ich besuche wieder Frau Vera in ihrem Schuhmuseum, ich darf sie inzwischen duzen, in einer Vitrine ein Kadaitja genanntes Pantoffelgebilde aus Emufedern und menschlichen Haaren, lange brauche ich, um mir klarzuwerden, dass das gar nicht aus den Bat'a-Werken stammt, sondern aus Australien, ich schwärme von der Architektur hier, vor allem das Gebäude 21, der Verwaltungssitz, das haben sie frisch renoviert, eine blendende Schönheit, 1931 gebaut, zu jener Zeit das höchste Gebäude Europas, in ihm der berühmte Aufzug, Tomáš Bat'a ließ sich in ihm ein Büro einrichten, sogar mit Waschbecken, wenn man sich mal die Hände mit Stempelfarbe eingesaut hat, mit dem Lift konnte er in seinem

Es ist noch Suppe da

siebzehnstöckigen Gebäude hinauf und hinunter fahren, wie es ihm frommte, Frau Vera schließt ihr Museum ab und führt mich zum Lift, sie spendiert mir eine Exklusivfahrt, es ist herrlich, ein Traum wird wahr, wie mit dem Bett zur Schule oder dem Schlafsack zum Saturn, kennt man doch solche Fantasien, hat die nicht jeder, der nicht ganz schief gewickelt ist?

Jetzt, Mitte Mai, ist Zlín ein Traum. In den schwer nach Jasmin und Taubnesseln dampfenden Parks liegen junge Mädchen in klobigen Büstenhaltern, die sie von der Oma geerbt haben, sie lassen sich von der Sonne den Talg aus ihrer Haut löten, ungemècht ist hier keine, während die blassen Jungs sich hinter dem Ginsterbusch verdrückt haben und Aspirin rauchen, zerbröselte Tabletten in selbstgedrehten Zigaretten. Hier findet man wiederum keinen ohne diesen fiesen Vokuhila, oben kurz, hinten lang lappt die Matte über den speckig glänzenden Kragen, und dann ein Erlebnis, das sich so schnell nicht von der Netzhaut wischen lässt: In der ganzen Stadt schwebt dicht der Pappelschnee, die von zarter Wolle umgebenen Samenhaare der Zitterpappeln, auch Espen genannt, Schwaden davon, weiche Geschwader aus Feenhaar, und unter der Tomáš-Bat'a-Straße, da, wo die Fußgänger die Aorta der Stadt unterqueren, da schweben auch sie, die Pappelflusen, hindurch, so als hätten sie erkannt, dass dieser Weg der einzig sichere für sie ist, oben würden sie von den Autos verwirbelt, voneinander getrennt, hier unten im kühlen Zug kann ihnen nichts passieren, das ist die bekannte Schwarmintelligenz. Sind wir schon so weit? Dass die Amseln und die Pappeln das Heft in die Hand nehmen hier auf Erden. Am Vorabend wäre Aserbaidschan beinahe noch Sieger beim Eurovision Song Contest geworden, also so lange wir Menschen unsere Territorien noch einigermaßen im Auge haben, kann uns die Fluse nicht gefährlich werden, oder?

Am letzten Abend sitze ich wieder im Golem, einem ranzigen, nach Technikersalbe riechenden Jugendlokal, eine harsche tschechische Ranzigkeit, das Golem ist so was wie das Flex in Wien, bar jeder Hoffnung, und plötzlich spricht mich der schlechte Melodicaspieler an, der mir tagsüber schon aufgefallen ist, er steht in der eben oben beschriebenen Fußgängerunterführung, da spielt er nicht erkennbare Lieder, ich warf ihm eine Zwanzigkronenmünze in den Strohhut, normalerweise hüte ich mich, solche Leute überhaupt anzusehen, ihr Elend könnte abfärben, ich will auch keinen Dank, jetzt bekomme ich die Rechnung serviert für meinen Obolus, jetzt muss ich sogar zuhören, was der Mann zu sagen hat, er hat mich erkannt und will mich gleich einladen, ich kann ihm das nicht ausschlagen, ein Bier bitte, ein herrliches Litovel, das klingt wie Medizin, es kostet genau die Summe, die ich ihm in den Hut springen ließ. Er, er heißt übrigens Tomáš, wie der Schuhnabob, fragt, was ich von Kylie Minogue hielte – ein wohltuender Kontrast zum hier laufenden ekelerregenden, manirierten Krach von Trent Reznor alias Nine Inch Nails, des vielleicht peinlichsten Musikers aller Zeiten –, na ja, gerade hier hab ich sie umso lieber, mir wird Tomáš sympathisch, auch weil er Melodica spielt, dieses klägliche Tröten, damit verdient er seinen Lebensunterhalt oder sein Bier oder das für mich, Kylie Minogue, auch so ein Flusengirl, klein, leicht, zerbrechlich (der Krebs hatte sie beinahe niedergerungen), er doziert über das Lied „In My Arms", nichts würde ich in diesem Moment lieber hören, „How does it feel in my arms", die Arme seien eigentlich, doziert mein Tomáš, nur eine Metapher, gemeint sei ihre Vagina, wie es sich in ihr anfühle, wolle sie wissen, weil sie mit sich selbst Sex haben wolle, „How do you describe a feeling? I've only ever dreamt of this (...) Don't let the moment slip away". Wieso soll sie davon träumen, wie es sich in ihren Armen anfühlt, den profanen, und *schlüpfen*, also wirklich, das sei doch alles glasklar. Solche Exegesen kommen mir bekannt vor, Quentin Tarantino analysiert doch in „Reservoir Dogs" auf ähnliche Weise den Subtext eines Madonna-Liedes, ich verkneife mir den Hinweis und frage, ob wir nicht darauf wetten wollen, ob der muffige Schankbursche, der nicht viel zu tun hat, kaum Gäste heute, und Sudoku löst und den Laptop bedient, in dem sich sicher tausend Titel befinden, ob der das Lied hat, über das wir hier gerade reden. Okay, was ist der Einsatz? Zwanzig Kronen, klar, ein Bier, die Summe, die ich ihm spendete, mit der er mich einlud, mal sehen, wohin die jetzt wandern, der Wirt schaut uns, nachdem wir ihn gefragt haben, dermaßen hasserfüllt an, so, als wären wir weniger als nichts, sodass sich eine Antwort erübrigt, ich hatte ja vermutet, er hätte es, fingere die Münze aus der Tasche, Tomáš sagt, er müsse mal wo hin, und verschwindet im Klo, es dauert, ich wundere mich, bestelle noch ein Bier, er kommt nicht, ist er eingeschlafen?, hat er sich selbst weggespült?, ich schaue nach. Und hier eine abermalige Überraschung: Es gibt kein Porzellan mehr, auf dem Fußboden stehen ein paar Pappkartons mit Loch im Boden, an der Wand hängt ein Plakat von Karel Gott und neben einem vom Harn wellig gewordenen Karton stehen ein paar ausgelatschte Schuhe, das Fenster ist offen, herein kommt Pappelschnee geflogen. ‹

FORST

Ich gebe es zu, ich will mich nicht aufplustern, ja, ich stehe sogar dazu, ich bin kein Bierkenner, ich finde Bier muss in erster Linie sättigen, mental wie körperlich, man muss in ihm davonschwimmen können, es muss ein Freund sein, und das Glas ist dabei genauso wichtig wie der Umstand, dass es am idealsten im allerbittersten Aggregatszustand ist. Es gibt Ausnahmen, klar, saures belgisches Kirschbier in einer Art Pokal serviert, man möchte drin baden, dass nicht nur die Körperinnenwände von dieser Sensation eingeölt werden. Das beste Bier Österreichs ist das der Brauerei Trumer, das beste Deutschlands Jever aus Ostfriesland, beide in der grünen Flasche, ein Garant für uneingeschränkte erleuchtete Superiorität. Weizenbier ist für Wickelkinder, dieser weiche, einlullende Geschmack, serviert in einer Blumenvase, wenn Affen tränken, hier wäre ihr klebriges Idealgesöff, das sie zum Kuchen einzunehmen pflögen. Italiener können kein Bier trinken, ihnen fehlt das nötige Enzym, es zu verdauen, also können sie es auch nicht brauen, alles, was sie in ihrem Land haben, trägt deutsche Namen, Splügen, Jodler, Von Wunster, Prinz, Metzger, Fink, Kiefer, Wührer („Birra Wührer, unerreicht, eins getrunken, fünf geseicht"), und auch wenn das beste alkoholfreie Bier besser als gar kein Bier ist, hat man zu allem Überfluss auch noch kürzlich eins eingeführt, es heißt Dansk, also *dänisch* auf Dänisch, so, als sei für Italiener Dänemark die abstinente Version deutschsprachiger Länder, und dann ist da das Forst, das heilige. Es fängt ja schon beim Etikett an, im O die drei kleine Tannen, drei kleine Kronen ihnen zu Füßen im grünen Moos, eine aktuelle Plakatkampagne zeigt einen Mann mit einer Forst-Flasche an der Hand, Überschrift: „Wir lassen sie ausgehen, aber nur wenn du sie wieder zurückbringst“, gemeint ist die Mehrwegflasche, und das Bier kann man selbstverständlich nur aus dem Willibecher trinken, die ehrlichste, direkteste Glasform, nichts wird beschönigt, kein Umweg genommen, keine Gefangenen gemacht, der dezente Bauch, die Dicke des Glases, nicht so dünn wie Tulpen, nicht so dick wie Humpen oder Krüge, kein Griff, kein Stiel, einfach nur ein Glas, mir schleierhaft, warum man aus einem anderen Hohlmaß trinken soll, Humpen hauen sich die Bayern auf die Köpfe, Tulpen oder Flöten lüpft man mit abgespreiztem Kleinfinger, da gehört doch auch eher Schaumwein rein, in der Schwulenbar nachts um halb eins. Der Willibecher also, und dann muss auch noch ein weiteres Hohlmaß stimmen, das Lokal nämlich, und das steht bekanntlich in Meran, Forsterbräu, Freiheitsstraße, mit dem herrlichen Garten, ein faschistischer Bau, herrliche helle Steine, klar, ein symmetrisches Manifest, innen schlichte Holztische und Stühle, der faschistische Funktionalismus hat mehr mit dem Bauhaus gemeinsam, als beiden lieb sein kann, bzw. ist er die erfolgreiche Umsetzung dessen, was sich die weltfremden Spinner (Paul Klee, hüstel!) in Dessau ausgedacht, aber nicht umgesetzt haben. Und dann trifft einen der Schlag, wenn man das geliebte Forsterbräu betritt, das darf doch alles nicht wahr sein, das gibt’s doch nicht, warum machen die das?! Im April 2009 kam es zum Wechsel in der Geschäftsführung, und was macht man als Erstes? Alles verändern, wozu es absolut keinen Grund gab, es war ja alles solide, massiv, gut, das ganze Flair verpufft jetzt, der neue Pächter ist, man muss es so drastisch sagen, ein Idiot, er hat keinen Stil, und dann ist es auch nur logisch, dass der eine Kellner, der so aussieht wie Robin Gibb von den Bee Gees, also wie eine traurige, nasse Maus, einen noch trauriger und ratloser und nasser anschaut, wenn man den berechtigten und für alle klar denkenden Menschen nachvollziehbaren Wunsch äußert, das Forst bitte in einem Willibecher serviert zu bekommen, er weiß nicht mal, was das ist, man möchte ihm die Ahnungslosigkeit mit der Gabel aus den Augen stechen oder zumindest Ferien in einem Umerziehungslager nahelegen, wenn er nicht so traurig aussähe, aber mit Gewaltfantasien kommt man hier auch nicht mehr weiter, er ist ja nicht Schuld am Schlamassel. Also das Forsterbräu ist gestorben, die heiligen Forsthallen, man hat sie geschändet, ein Verbrechen ist geschehen, etwas, was in Meran an der Tagesordnung zu stehen scheint, alles wird kaputtgemacht und durch Boshaftigkeit ersetzt, das Hotel Bristol, abrasiert, die Bar Terme, bonbonifiziert, der Sandplatz, den man in einen deprimierenden Backofen umgewandelt hat. Die neue Therme, prinzipiell nicht so schlecht, aber hat's die alte nicht auch getan? Die Person, die dafür verantwortlich ist, dass die beachtliche Galerie jahrhundertealter Riesenplatanen alle samt und sonders umgemäht wurden, um für verweichlichte Italiener eine neue, aufgeblasene Badeanstalt zu bauen, denn nur sie gehen in das lauwarme Wasser und bilden sich ein, es sei mineralhaltig, dabei ist die Brühe doch lediglich mit Chlor und Fußfungizid angereichert, ja gesättigt, diese Person soll also in einer Hölle aus kochendem Desinfektionsmitteln schmoren, und das Gute daran ist, sie weiß es, dass sie schmoren wird, das ist unser Triumph, so wie es bei der Postbrücke runtergeht, zur riesigen Tiefgarage, der verwaisten, unter der sogenannten Therme, so geht es für diesen Verbrecher geradewegs in die Hölle. Überhaupt, die ganze Stadt ist komplett mit Tiefgaragen unterkellert, und die sind alle leer, so, als schrecke man mit einem Überangebot die Leute ab, Überangebot an Hohlraum, Überfluss macht ratlos. Und auch wenn die brutale Stillosigkeit wie eine Krake ihre Tentakel ausfährt, um alles zu vernichten, so gibt es doch immer noch Oasen des Glücks, das Café Darling zählt dazu, auch die Tabaktrafik Garber auf der Freiheitsstraße, genau gegenüber dem Verbrechen am Forsterbräu. Der Trafikant Otto, augenscheinlich ein Bluthochdruckler, meint dann auch verkniffen, wenn man ihn für seinen sensationellen Zigarrenladen lobt und die Niederlage auf der anderen Straßenseite geißelt, müsse man Courage haben, und die hatte er am Anfang, aber dann hat er seinen eigenen Laden, sein Konzept selbst Stück für Stück in einer Anwandlung von Resignation demoliert, Resignation darüber, dass er mit so einem exklusiven Zigarrentempel mit aristokratischem, elitärem Gestus am provinziellen Meran schlicht vorbeigedacht habe, und diese Courage hatte Ossi, der Wirt des Darling, als er wie Zigarren-Otto Enrico Canino beauftragten, sein Lokal zu gestalten. Canino ist eigentlich Bauzeichner, aber einer mit künstlerischer Ader und Visionen, einer, der, wie er sagt, vom Löffel bis zur Stadt alles machen müsse, weil anders es nicht ginge hier in Meran, man registriert bei ihm aber auch eine unübersehbare Faszination für das Œuvre von HR Giger, dem Schöpfer fantastischer Horrorwelten, Alien, das sabbernde Monster, kennt man doch, Canino verbindet das alles noch mit Art déco, Rationalismus und Mies van der Rohe und vor allem mit dem Benediktinermönch Hans van der Laan, dem Vater des sakral-asketischen Minimalismus und neuen Proportionssystems, sein Motto: „Mens agitat molem"/„Der Geist bringt Materie in Bewegung", also etwas, womit der Löffelverbieger Uri Geller sein Geld verdient, Architektur ist für Canino nur „eine Situation raumgefasster Zeit", und heraus kommt etwas, was kein Mensch sieht und wirklich zu schätzen weiß, schätzen kann, hier zumindest nicht, weil es zu meraninkompatibel ist, vielleicht ist das alles zu intellektuell, aber ich versteh's doch auch, und auf der anderen Seite verstehe ich aber nicht, wieso *sie* es nicht sehen und nicht kapieren wollen, ein Kollege Caninos meinte gar zu ihm, man sollte ihm die Hände abhacken. Trotzdem sind das kleine Entschädigungen und Rückzugsgebiete für den so enttäuschten Meranwanderer, eine Generation davor gab's aber schon das Café Imperial, das man aber besser mit angehaltenem Atem betritt, das ist eine Reise in die Sechzigerjahre, in die Korova Milkbar aus „Clockwork Orange", es passt so gar nicht hierher, in dieses muffige Pensionistenparadies, durch die sich die resignierten, pastellgesichtigen Rentner aus Sindelfingen mit Siebenachtelhosen und Nordic-Walking-Stelzen, Fahrradhelmen und Bauchbananen schieben, sie kriegen das auch alles gar nicht mit, und man weiß gar nicht, was einem mehr das Herz bricht: dass hier solche Juwelen unter ignoranter Kruste dorren oder die unglaubliche Ahnungslosigkeit der Menschheit im Allgemeinen bezüglich eines Mindestmaßes an Stil.

Das Café Imperial liegt leider in den letzten Zügen, ist todgeweiht, schon umkreisen wie Aasgeier die gierigen Stilmöbelhändler aus Mailand den Laden. Aber, wie gesagt, ich will mich nicht aufplustern, sie werden schon Recht haben, ihr Stil setzt sich durch, wir sind eigentlich die arrogante Minderheit, in der Zwischenzeit wird jetzt alles durch diesen scheußlichen Rattanersatz ersetzt, groteske schwarzbraune Plastikrattansessel, ich weiß nicht, warum diese Plage jetzt plötzlich überall auftaucht, aber ich ahne es, es ist das haptische Gegenstück zur auralen Luftverschmutzung à la Kruder & Dorfmeister, es soll etwas diffus Loungiges evozieren, und man möchte nur noch weinen vor Wut oder in etwas reinbeißen, bis einem alle lästige seelische Hornhaut wieder weich und wellig wird, weil der Zorn einem durch den Kiefer, durch die Zähne entweicht. Aber woran liegt es, dass man gerade hier in Meran ein ums andere Mal diese Wut kriegt? Es ist ja nicht nur die Architektur, es sind die komischen Leute, die immer nur schimpfen, immer und über alles, ihr deutscher Singsang (des han i nit gwisst), die scheinbare Duldungsstarre, die Schwierigkeit, sich zu deklarieren, die Schizophrenie, der hochanständige Reinhold Messner, er wohnt in Meran über der Gastgewerbeschule, hat das einmal sehr schön gesagt: „Wir Südtiroler haben nur einen Antifaschismus entwickelt als Reaktion auf das, was der Mussolinifaschismus hier angerichtet hat, Nazideutschland hingegen wurde als Befreier gefeiert, wobei die Südtiroler nicht verstanden haben, wen sie sich da angelacht haben." Diese Diskrepanz des Anlachens, dieses Suchen nach Zugehörigkeit macht sie so eigenartig, und Meran scheint das Zentrum der Eigenartigkeit, der Orientierungslosigkeit zu sein, des Selbsthasses, weil man immer über das doppelt so große Bozen gespottet hat, dreckig sei es, stillos, und nicht sehen wollte, dass Bozen um so viel mehr Klasse und Verve hat, Meran wurde in jeder Hinsicht verlassen, betrogen, geschändet, alles wird hier kaputtgemacht, früher durch Geld, jetzt durch Dummheit, Meran ist wie ein nervöses Tier, das sich dauernd häutet und nicht weiß warum. Und am Ende sterben die Touristen mit den Bauchbananen weg, die, die die historischen Zusammenhänge und „Sissi" noch kannten, die letzte Hoffnung: die Russen.

Zumindest in der mächtigen Forstbrauerei haben sie noch Willibecher, wissen, was das ist, hoch über Meran, im Ort Forst, im Biergarten unerträgliches aggressives Musikgezicke, volkstümliche, zähneziehende Einheitspampe, aber man versteht hier zumindest augenblicklich, was ich mit dem Willibecher meine, ich bin hier mit einer Freundin, der resoluten Apfelplantagenbesitzerin Utta R. und ihrem Sohn Linus Müller, ein Jahr alt gerade geworden, ein Asket, er ernährt sich in den acht

Kurz vorm Abheben

Stunden unserer Zusammenkunft geduldig und ausschließlich von Schottersteinen und Wasser. Wir versenken auf Wunsch des Sohnemanns ein kleines japanisches Milchkännchen, das ich seit zwanzig Jahren in meiner Hosentasche mit mir trage, im Willibecher, wir wollen testen, ob das Sauerstoffmilieu des Forsts im Willibecher so pur und kräftig ist, dass die an das Kännchen andockenden Luftbläschen es schaffen, wie kleine Zeppeline, es an die Oberfläche zu wuchten, und es geht tatsächlich, eine pysikalische Meisterleistung, hier ist die Welt noch in Ordnung, in der Therme hätte das nicht geklappt, Linus Müller applaudiert begeistert, man sieht den kommenden Physiker bereits vor sich.

Dann auf den Plakaten die Ankündigung, denn es gibt hier auch regelmäßig Konzerte, dass neben den Pseirer Spatzen und den Girlander Böhmischen am 13. August auch The Quarrymen spielen, und das ist insofern interessant, als das die erste Band von John Lennon war, er gründete sie so ziemlich exakt vor 53 Jahren, über fünfzig verdammt lange Jahre, 1980 hat man ihn abgeknallt, hat ihn Mark Chapman über den Haufen geschossen, vorm Dakota Building in New York (City), wieso treten die restlichen Quarrymen, die um die siebzig sein müssen, ohne ihren Frontmann hier in Forst auf, im Braugarten, was ist das nun wieder für eine unerwartete Volte?

Messner sagt: „Die Italiener sollen endlich kapieren, dass die Flurtoponomastik nicht zweisprachig sein muss“, jetzt redet er auch noch der irren BZÖ nach dem Munde, die die zweisprachigen Ortstafeln in Kärnten demontieren, auf ihn ist offenbar kein Verlass mehr, ein Wendehals, und dann treffe ich noch den zauseligen Architektenphilosophen Enrico Canino (Canino heißt laut Eigendefinition Eckzahn, was die Apfelwirtin Utta R. nicht bestätigen will), und Canino erzählt von dem van-der-Laan'schen Beinhaus, einem Ossarium, das er gerade für den Friedhof fertiggestellt hat, die Prinzipalin wollte dreißig Kassetten, er hat ein Konzept für 300 entwickelt und dann auch realisiert, also circa zehn Jahre ruht der Körper in der Erde, dann werden die Gebeine ausgebuddelt und in die Kassetten verbracht, 70 mal 30 mal 30 Zentimeter, da passe alles rein, wie Canino versichert, ohne dass der Schädel eingedrückt und der Oberschenkelknochen zersägt werden muss, sein Beinhaus ist auch wunderschön, schlicht, er nennt es *versteinertes Efeu* und meint, es gäbe nichts Lebhafteres als den Friedhof, denn hier begänne sich der Mensch selbst zu verdauen, die Bakterien, die Würmer, all das Getier, hier wird Schwerstarbeit geleistet, und in eben zehn Jahren ist alles weg, und dann buddelt man die Knochen aus, und die kommen dann eben in die Kassetten, und dann wundere ich mich, als er mir Fotos zeigt, über die kaum sichtbaren Schlieren an der unteren Kantenseite der Kassetten, und da sagt Canino etwas, das mich glucksen lässt vor Freude, und ich bin froh, dass er, der in seinen Unterlagen nestelt, es nicht mitbekommt, mein Lachen: Diese Schlieren, erläutert er spröde, seien „neogotische Tropfnasen". Ich weiß nicht, bin ich jetzt völlig verblödet, oder was?, aber mich machen diese Tropfnasen am Beinhaus so wahnsinnig glücklich; und das ist es ja dann auch, was einen doch immer wieder zurückkehren lässt nach Meran, das sind immer so die Argumente, die man braucht, um einen das eigene Vergehen entspannter betrachten zu lassen, und sei es nur so eine Tropfnase des Eckzahnarchitekten, dann kann das Nachleben nur das Wünschenswerteste sein, was man hier auf Erden kriegen kann, dann landet man im Beinhaus, während schlimmere Verbrecher als man selbst in einem kochend heißen Fußfungizidbad bis in die Unendlichkeit brodeln müssen, da hat man's doch noch ein bisschen besser erwischt, hier in Meran, und der Friedhof hinterm Bahnhof, neben dem Schlachthof ist voll von zugereisten Knochen. ‹

BETON UND BUTTERBIRNEN

Warum eigentlich gibt es beispielsweise in ganz Chile keinen vernünftigen Kaffee? Man sitzt buchstäblich an der Quelle, man hat ein paar der weltgrößten kaffeeproduzierenden Länder als Nachbarn, und doch gibt es keinen vernünftigen Kaffee, das ist eines der wenigen, aber charmanten Rätsel dieses kauzigen Landes.

Der Grund dafür ist, dass irgendwann in den Fünfzigerjahren löslicher Instantkaffee modern wurde, er wurde aus Amerika importiert und war ein kaum erschwingliches Luxusprodukt, das aber im Laufe der Jahre immer billiger wurde, sodass sich diesen Luxus jeder leisten konnte, ein Umstand, der aber auf der anderen Seite auch den klassischen Bohnenkaffee verdrängte. Schick war Pulver, die Bohne hatte ausgedient. Trotzdem gab es ein paar unverbesserliche Nostalgiker oder Gourmets, die irgendetwas vermisst haben, in diesem Fall eben einen guten Kaffee. So eröffneten Ende der Sechzigerjahre in Santiago de Chile zwei miteinander konkurrierende Ketten, in denen nichts anderes als Kaffee, richtiger Kaffee serviert wurde und nach wie vor serviert wird.

Die beiden Ketten heißen Café Haiti und Café Caribe, beide haben um die zwanzig Filialen auf ganz Santiago verteilt, sehen architektonisch ziemlich identisch aus und heißen im Volksmund „Cafés con Piernas“ (Cafés mit Beinen). Das des-

wegen, weil zwar im ganzen Raum keine Tische und Stühle zu finden sind, sich aber stattdessen großzügig ein langer Chromtresen schlängelt, an dem die Kaffeetrinker, zu mehr als hundert Prozent Männer, aufgereiht stehen, dahinter aber, und das ist das eigentlich Besondere an den Lokalen, stehen eine Stufe erhöht die Kellnerinnen, sie sind uniformiert, mit sehr kurzen, engen und figurbetonten Schlauchkleidern, sodass der Gast auf Augenhöhe mit ihren Brüsten steht, eine eindeutig dominante Position, wie ein Rollenspiel. Die einzigen dort arbeitenden Männer sind jeweils ein Lokalmanager und die Kaffeeköche, die, kaum sichtbar, noch eine Ebene dahinter an den großen zischenden Gaggia-Maschinen hantieren. Die Kellnerinnen, deren Look Woche für Woche wechselt, haben auch die Aufgabe, sich um die Gäste zu kümmern, dazu gehört, dass sie wissen, wie sie heißen, um sie beim Namen begrüßen zu können, sie sollten ihre Sorgen kennen, Anteil nehmen, auch wissen, ob sie ihren Kaffee mit oder ohne Zucker beziehungsweise Süßstoff bevorzugen, Bestandteile, die sie dann auch noch einrühren. Diese Rollenverteilung ist so holzschnittartig, dass man das Ganze von Sigmund Freud zu kennen glaubt.

Hinterm Tresen die laszive Matrone, der Kaffee scheint nur eine Art Alibi zu sein, um sich schnell in der Mittagspause auf dieses erotische Rollenspiel einzulassen. Man geht zu „seiner“ Kellnerin, die ganz genau weiß, welchen Kaffee man bevorzugt, und die Anteil nimmt am privaten und beruflichen Schicksal.

Dass das ganze Szenario in einem extrem katholischen Land spielt, dessen Volk zudem noch eingeschüchtert und traumatisiert ist von 17 Jahren brutaler Diktatur, macht die Sache umso transparenter. Männer degradieren sich freiwillig zu staunenden Schulbuben, um sich an erotischen Versprechungen während der Mittagspause oder nach Büroschluss zu regenerieren, es lacht trotzdem niemand, wenn man sagt, man sei hier nur wegen des guten Kaffees.

Dass die fantastische, großzügige Architektur dieser Einrichtungen bis heute vollkommen unberührt und frei von Veränderungen ist, ist offenbar der Tatsache geschuldet, dass sie Institutionen sind, sakrosankt, aufgeladen mit Bedeutung, etwas, was man nicht so einfach renoviert. Eine Kirche baut man ja auch nicht einfach so um. Es gibt allerdings *ein* Detail, das sich permanent ändert, das ist die Kürze der Kleider, sie werden millimeterweise immer kürzer, so, als seien sie ebenfalls Leidtragende einer globalen Klimaveränderung.

Überhaupt, die Architektur Chiles. Viel Wellblech im Süden und im Norden, in der Mitte eine liebliche Spielzeuggegend mit glitzernden Seen, an deren Gestaden kitschige Holzhäuser im älplerischen Stil inmitten prächtig blühender Gärten stehen, die Hauptstadt Santiago hingegen ist so reich an prächtigen, brutalistischen Betonbauten, dass selbst dem letzten Zweifler aufgehen muss, worin der spröde Charme dieser Häuser, öffentlichen Gebäuden und sogar Friedhofsgruften besteht und warum die minimalistischen Klötze, die mitunter wie rohe Betonskulpturen überall herumstehen,

Wir küssten uns vor der Zementfabrik die Lippen wund

notwendig sind: nämlich um Schutz vor allzu großer Hitze zu bieten. Verputzt wird nicht, wozu auch, „authentisches Bauen“ nennen die Architekten das Bestreben, alles so zu zeigen, wie es ist, frei von Farbe, Ornament und Zierleiste.

Vierzig Kilometer nördlich von Valparaiso, beim Örtchen Concón, befindet sich inmitten von Wanderdünen ein groteskes Versuchsareal, ein sogenanntes Utopieprojekt der Architekturuniversität Valparaiso, wo sich Studenten austoben können, wo sie Formen, Kuben, Dinge buchstäblich in den Sand setzen, das hat ein bisschen was von einem Abenteuerspielplatz für verhaltensauffällige Rudolf-Steiner-Schulabbrecher, aber immerhin traut man sich etwas, die Risikohemmschwelle scheint hier niedriger als andernorts. Aber woran liegt es eigentlich, dass sich ein solch radikaler Brutalismus ausgerechnet in Chile etablieren konnte?

Zum einen daran, das Beton, wie erwähnt, ein ausgezeichneter Hitzeschild ist, zum anderen kamen viele Architekten in den Zwanzigerjahren nach Europa und haben dort am Bauhaus und verwandten Einrichtungen studiert und ihr Wissen über Schlichtheit und Funktionalismus mit nachhause gebracht, in ein klassisches Einwandererland mit viel brachliegender Fläche.

Fast so, als sei es ein Ausgleich für ein Zuviel an hartem Beton und Zement, findet man überall und an allem Palta, Avocados, die weichen Butterbirnen, Berge, Tonnen auf den Marktständen, ja selbst auf der Autobahn werden sie mitunter verkauft, sie landen mal scheibchenweise im Salat, mal sind sie üppig am Tellerrand als Garnierung geparkt oder, in der Breiversion, als Guacamole im Hot Dog, es gibt schier keine Speise ohne Avocados. Und schon sind wir beim zweiten weichen Signifikanten: die Vienesas, so nennen sie hier die Hot Dogs, die fetten, die geilen, die schmierigen. Und ebenso wie die Cafés mit Beinen ist eine fantastische, chromblitzende Restaurantkette über die ganze Hauptstadt verteilt, Domino genannt. Unter einer mit kühnem Schwung gestalteten Decke mit indirekter Neonbeleuchtung wird seit 55 Jahren ein kleines, übersichtliches Angebot an Imbissen gebaut, die nichts anderes sind als perfekte, als Kunstwerke getarnte perverse Schweinereien.

In das halbierte Brot wird ein unschuldiges Würstchen gebettet, das dann, und nun kommen wir zur eigentlichen Sensation, zugedeckt wird mit den abenteuerlichsten Saucen bzw. Pasten und Schmieren. Das beliebteste, und damit sollte der Novize starten, ist der Italiano, farblich der italienischen Flagge nachempfunden, als Respektbezeugung den vielen italienischen Einwanderern gegenüber zu deuten, Mayonnaise, Tomaten, Palta, also Avocadobrei. Es gibt aber auch abenteuerlichere Beläge, grüne Bohnen, Linsen, Erbsen, gigantische schmierige Bettdecken, unmöglich zu essen, man macht sich immer zum Obst, zum Affen, wenn das ganze Gesicht grün und weiß verschmiert ist, ein großer kindlicher Spaß, und dafür gibt's überall auf dem Tresen in einem Pokal hunderte zur Tüte gedrehte Papierservietten, nirgendwo wird die Serviette dringender gebraucht, nie war sie eine treuere Begleiterin.

All diese verschrobenen Ticks machen das Land zu etwas Speziellem und Einzigartigem, alle Menschen hier sind fröhlich, dem Land geht's gut, die neue Präsidentin, die gemäßigte Sozialistin Michelle Bachelet, alleinerziehende Mutter, gibt ihnen Hoffnung, die Wirtschaft brummt, Chile ist der weltgrößte Produzent von Lachs und Lithium, klingt unglaublich, stimmt aber, und passt auch irgendwie, überall kracht es, hier geht's aufwärts.

Auch wird im Land die weltweit ausgebrochene Genitivapostrophunsicherheit weiterhin liebevoll gehegt, so gibt es zum Beispiel in Santiagos Stadtteil La Recoleta eine Bar namens Luca'ss und eine namens San Diego's. Und nun findet dieses Volk auch noch auf einen Schlag die Lösung für eines der fiesesten Probleme unserer Zeit. Ein fröhlicher Bärtiger verkauft auf der Avenida Máximo Humbser gebogene Strohhalme mit einem Drahtkern. Was man damit macht? Die Löcher verstopfter Salzstreuer putzen natürlich. Die Wirtschaft mag noch so sehr am Boden liegen, auch wenn absolut nichts mehr geht, die Salzstreuerlöcher verstopfen immer.

Und in der gekachelten Fußgängerzone Ahumada wird jeden Abend ein ausgelassenes groteskes Fest gefeiert, Händler breiten ihren Krempel aus, selbstverständlich kann man hier auch Butterbirnen kaufen, Clowns, Pantomimen und Gaukler treiben ihr perverses Spiel, Menschen verschenken Gratisumarmungen, und auch die Beatles sieht und hört man jeden Abend, der, der den John singt, sieht aus wie einer von den Ramones, der allerdings auch schon tot ist, er ist also doppelt tot, der Paul hat einen roten Jugo-Bart (Jugo, gesprochen Hugo = Saft), er hat wohl Himbeersaft getrunken.

Und es nimmt natürlich in dem Zusammenhang nicht wunder, dass auch im Trinkverhalten der Chilene anders und also sympathischer ist, anders sein muss, neben dem beliebten Himbeersaft findet man an jeder Straßenecke diese kleinen mobilen Getränkestände, hier schenkt man Rico Mote con Huesillo aus, ein mit Weizenkeimen, Zimt und Nelken gekochter Aprikosensaft, in den Bars perverse Getränke wie Terremoto (Erdbeben), ein Gesöff aus Weißwein und Cognac, in dem eine Speiseeiskugel treibt, oder Cola de Mono, Affencola, Nescafé, fette Sahne, Tresterschnaps, Vanille und Muskat, es klingt alles so ekelhaft, dass man es einfach trinken *muss*, und siehe da, es ist köstlich, so wie alles in Chile: das Land, die Leute, ihre Sitten, die Butterbirnen, der Beton und die Beatles. Man muss nur wollen, darf sich nicht immer mit dem Naheliegendsten zufriedengeben, dann wird ein Besuch im Aalland zum Erlebnis. ‹

Das Genie

DER BREMSENFLÜSTERER

Wenn man sich aus dem Backofen Santiagos ins gemäßigt klimatisierte Mittelchile, den sogenannten Kleinen Süden, eine atemberaubende Gegend, klare Seen, steinharte Araukarien, Kuckucksuhrstädtchen und über allem perfekte Vulkane, bei denen Japaner nervös werden, ähneln sie doch in ihrer Idealform ihrem heiligen Berg Fuji, wenn man sich also in diese Region aufmacht, wird man sich wundern, dass die Hitchhiker dort flach auf der Straße liegen und nur ab und zu, wenn sich mal ein Auto nähert, matt den Daumen heben. Sind sie zu faul oder nur so unendlich müde? Den Grund dafür erfährt man dann nicht sofort, man muss ihn sich ein wenig erarbeiten. Steigt man aus dem Bus und betritt die wunderschöne Landschaft, ist man plötzlich von einer Wolke tief brummender, circa drei Zentimeter fetter Pferdebremsen umgeben, Tabano genannt. Man rennt in ein schützendes Haus, denn in das trauen sie sich offenbar unangemeldet nicht. Es gibt allerlei Tipps, wie man sie sich vom Leib hält, einige sagen, nichts Buntes anziehen, andere wiederum nichts Helles, dritte warnen vor Dunklem. Sehr rätselhaft ist ebenfalls, dass sie, wie Tests ergaben, nicht direkt auf die leicht zugängliche Haut gehen, sondern lieber auf Stoffe, die sie dann unter hörbarer Kraftanstrengung (hohes Sirren) zu durchbohren versuchen. Auch reagieren sie, wie die Wespen, nicht auf Geruch, sondern nur auf Bewegung. Ganz falsch ist es also, dem ersten Impuls nachzugeben und zu rennen und hysterisch wild zu fuchteln, dann hat man nämlich eine ganze Wolke um sich, über sich und an sich. Einfach wie in Zeitlupe gehen, sich auch mal für ein Viertelstündchen an einen Baum lehnen oder eben, wie die Autostopper, auf die Straße legen, beste Fortbewegungsmethode: sich rollend auf dem Boden bewegen. Auch sind sie gar nicht so schlimm, wie man glauben könnte. Weil ihnen nämlich das blutgerinnende Sekret fehlt, mit dem zum Beispiel die Stechinsekten unserer Breiten ihren Stich nach der Nahrungsaufnahme ordnungsgemäß verschließen, der dann den Juckreiz auslöst, lassen ihre chilenischen Kollegen die Wunde einfach offen, aus der dann ein dünnes Blutrinnsal rieselt. Peinigender Juckreiz entfällt also praktischerweise, und dieses Wissen nimmt etwas von der Bedrohlichkeit dieser Biester. Das Beste an der ganzen Geschichte ist, dass sie nur exakt einen Monat aktiv sind: Sie tauchen wie von Zauberhand jedes Jahr am 19.12. auf und verschwinden, wie sie gekommen sind, am 19.1., kein Mensch weiß, was sie den Rest des Jahres so treiben bzw. wie sie sich ernähren. Vielleicht ernähren sie sich vegetarisch und stechen die Bäume im Wald, saugen Harz. Eine Erklärung, die man immer wieder hört, ist, dass sie die restlichen elf Monate oben in den Vulkanen verbringen, dann kommen sie eben Mitte Dezember runter, holen sich ihr Blut, befruchten sich, legen Eier und sterben, die geschlüpften „Küken“ fliehen dann sofort auf die Vulkane. Das ist ein bisschen so wie bei den Papageitauchern auf den Färöern, von Ende August bis Anfang April sind sie verschwunden, kein Mensch weiß, wo sie sich aufhalten, man vermutet, dass sie auf dem offenen Meer leben, Papageitaucher verteilen sich offenbar weiträumig einzeln oder in kleinen Gruppen über den Atlantik, Konzentrationen in bestimmten Meeresregionen sind nicht bekannt.

Wenn man nun das Verhalten der Tabanos verstanden hat und einen gewissen Grad an Empathie für ihr Schicksal aufbringt, diese kurze Phase der Extase, dann kann man mit ihnen arbeiten, man lässt sie auf sich landen, lässt sie ein bisschen an sich knabbern, sind ja auch nur Geschöpfe Gottes, haben sie sich ihr Los etwa ausgesucht, wissen sie, was ihre Kollegen, die Papageitaucher, so treiben? Soll man doch darüber froh sein, dass sie ihren Aufenthalt bei uns und auf uns auf ein Minimum beschränken, und wenn sie angestrengt versuchen, durch den Stoff zu dringen, ist das so, als wollten sie uns ihr Geheimnis zuflüstern. ‹

Essen, ...

… trinken und telefonieren in Korea

Der Nüchtern

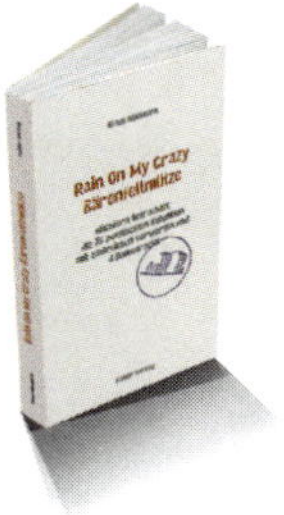

Klaus Nüchtern

RAIN ON MY CRAZY BÄRENFELLMÜTZ

Die Erlebnisse eines Marathonläufers, Vaters eine Tochter, Biertrinkers und Kulturredakteurs einer Wiener Stadtzeitung.

200 Seiten, € 14,50

Klaus Nüchtern

KLEINES GULASCH IN ST. PÖLTEN

Nüchterns Betrachtungen über Rheumalinddecke Rockkonzerte und Rückenschmerzen – aufgezeich net in der Groove-Hölle von Gaudenzdorf.

200 Seiten, € 14,50

Klaus Nüchtern

KLEINE QUITTENKANTATE

für Kastratensopran und Querflötenquintett

Einblicke in das aufregende Dasein des Herrn Klaus, dem weder Hallwang-Elixhausen noch Kentish Town oder Großraming fremd sind.

200 Seiten, € 14,50

Klaus Nüchtern

HIER KOMMT DER ANTIPASTIDEPP

Nüchterns vierter Band seiner Befindlichkeitsbekundungen.
Noch härter! Noch wahrer!!

184 Seiten, € 14,50

Falter Verlag
Hier kommt der Antipastidepp
Nüchtern betrachtet

TEX-BOX

Zwei Tex-Tassen No. 2
Vom Meister persönlich gestaltete Espressotassen.
€ 18,–

Tex Rubinowitz
Der Bremsenflüsterer – Nachrichten von Unterwegs

Rubinowitz' übellauniger Reiseführer führt einen in eine fremde und seltsame Welt und um einen doch spürbar eiernden und quietschenden Globus.

€ 14,50

T: 01/536 60-928
E: service@falter.at
faltershop.at

Falter Verlag
Die besten Seiten Österreichs